Thomas Bartholmes
Staatshaftung bei legislativem Unrecht

Staatshaftung bei legislativem Unrecht

Anwendungsfälle und Grenzen für ein Haftungsprivileg

Von Dr. Thomas Bartholmes

*Bibliografische Information der Deutschen Nationalbibliothek:
Die Deutsche Nationalbibliothek verzeichnet diese Publikation in der Deutschen Nationalbibliografie; detaillierte bibliografische Daten sind im Internet über http://dnb.dnb.de abrufbar.*

© 2015 Thomas Bartholmes

Herstellung und Verlag: BoD – Books on Demand, Norderstedt

ISBN: 978-3-**7392-2282-0**

Inhaltsverzeichnis

I. Einführung 9
II. Begriff und Erscheinungsformen der Schädigungen durch legislatives Unrechts 12
   1. Legislatives Unrecht und dadurch bewirkte individuelle Schäden 14
   2. Verfassungswidrige Gesetze 20
   3. Unionsrechtswidrige Gesetze 23
   4. Verstoß gegen die EMRK 25
III. Die Haftung bei legislativem Unrecht in der Rechtsprechung 26
   1. Die Rechtsprechungsentwicklung bis zum Naßauskiesungsbeschluß (1981) 26
   2. Der „Naßauskiesungsbeschluß" und die Folgen für die Entschädigungspflicht 29
   3. Das Urteil des BGH vom 12.3.1987 (III ZR 216/85) 31
   4. Neuere Rechtsprechung zur Staatshaftung bei legislativem Unrecht 33
IV. Die BGH-Urteile vom 16.4.2015 35
   1. Die Vorgeschichte 35
   2. Staatshaftungsprozesse wegen Wettbüroschließungen 39
   3. Die Urteile des BGH vom 16.4.2015 41
V. Legislatives Unrecht infolge exekutivischen Fehlverhaltens 44
VI. Exekutivisches Unrecht, das auf legislativem Unrecht beruht 47
VII. Ausblick 53
Anhang I - Rechtsvorschriften 54
Anhang II – BVerfG-Entscheidungen 54
Anhang III – EuGH-Urteile 2006-15 69
Anhang IV – EuGH-Urteile 1961-2005 73
Differenzierung nach Schadensursachen: Es können Schäden entstehen 75
Abkürzungsverzeichnis 76

Vorwort

Pflichtverletzungen des Gesetzgebers in der Gestalt des Erlasses rechtswidriger Gesetze gehen in der Regel einher mit Pflichtverletzungen der vollziehenden Gewalt, die eben diese Gesetze anwendet, durchsetzt und als legitimen Teil der Rechtsordnung behandelt. Legislatives Unrecht kann schon durch seine bloße Existenz, meist indes erst durch seine Anwendung, zu Vermögensschäden führen, und in beiden Fällen stellt sich die Frage nach der Haftung des Staates für die Pflichtverletzungen von Legislative, aber auch Exekutive.

Ginge es nach dem Willen des Bundesgesetzgebers, so könnte der Bürger für individuelle Vermögensnachteile, die auf die Anwendung oder Durchsetzung eines mit Verfassungs- oder Unionsrecht unvereinbaren Gesetzes zurückgehen, Entschädigung vom Staat verlangen, nicht aber für Nachteile, die bereits durch die bloße Existenz des Gesetzes, oder dessen Befolgung, entstehen. Die Praxis sieht jedoch anders aus. Da der Bundesgesetzgeber, als er die entsprechende Regelung 1981 schuf, für die Materie des Staatshaftungsrechts noch nicht zuständig war, und die Regelung (§ 5 Abs. 2) ebenso wie das übrige Staatshaftungsgesetz vom Bundesverfassungsgericht bereits 1982 für nichtig erklärt worden ist, gilt bis heute keine explizite gesetzgeberische Entscheidung zugunsten einer Wiedergutmachung staatlichen Unrechts, wenn Behörden (oder auch Gerichte) im Vertrauen auf die – tatsächlich nicht gegebene – Verfassungs- und Europarechtskonformität parlamentarisch beschlossener deutscher Gesetze geltendes Recht gebrochen und Individuen Schäden zugefügt haben.

Während der Gesetzgeber von 1981 keine nennenswerten zusätzlichen Kosten durch die Haftung für Pflichtverletzungen der vollziehenden und rechtsprechenden Gewalt, das ausschließlich auf Pflichtverletzungen des Gesetzgebers beruht, erwartet hatte, sorgt sich der BGH seither um die die „weit reichenden finanziellen Folgen für die öffentlichen Haushalte", die bei einer solchen Haftung angeblich zu erwarten wären. Dies wirft die Frage auf, ob tatsächlich angesichts von nunmehr immerhin 488 bundesverfassungsgerichtlichen Entscheidungen, in denen die Unvereinbarkeit von Gesetzen mit höherrangigem Recht festgestellt wurde, und in den letzten Jahren sogar noch häufig vorkommenden dahingehenden Feststellungen des Europäischen Gerichtshofes in Bezug auf Unionsrecht, die öffentlichen Haushalte erheblich belastet worden wären, wenn – entsprechend dem nichtigen Staatshaftungsgesetz von 1981 – der Staat in den sogenannten „Beruhensfällen" die Betroffenen hätte entschädigen müssen.

Anhand der bisher in der Rechtsprechung von BVerfG und EuGH identifizierten Fälle legislativen Unrechts soll daher herausgearbeitet werden, in welchen Fallkonstellationen tatsächlich individuelle und dauerhafte Schäden durch die Existenz, Anwendung oder Durchsetzung legislativen Unrechts erlitten wurden, und inwieweit diese nach allgemeinen Regeln ersatzpflichtig gewesen wären, würde man sie nicht als „Beruhensfälle" dem allgemeinen Haftungsregime entziehen und dem nach nationalem Recht überhaupt nicht haftungsrechtlich erfaßten legislativen Unrecht i.e.S. gleichsetzen.

Anlaß der Untersuchung war die staatshaftungsrechtliche Aufarbeitung staatlichen Unrechts gegenüber Veranstaltern und insbesondere Vermittlern von Sportwetten, als dem bislang wohl wichtigsten Anwendungsfall der erheblichen finanziellen Schädigung einer größeren Gruppe von Personen im Umfeld einer verfassungs- und unionsrechtswidrigen Rechtslage. Die staatshaftungsrechtliche Aufarbeitung läßt eine bedenkliche Tendenz erkennen, Fehlverhalten der Exekutive, das vermieden werden konnte und vermieden werden mußte, an der haftungsrechtlichen Privilegierung des eigentlichen legislativen Unrechts teilhaben zu lassen.

Wiewohl das behördliche Vorgehen letztlich die Ausbreitung privater Sportwetten in Deutschland nur kurzzeitig verlangsamen konnte, und sich somit aus der Rückschau betrachtet als ineffektiv darstellt, wurden doch zahlreiche Vermittler, insbesondere Kleinunternehmer, durch die erzwungene Schließung ihrer Betriebe existentiell betroffen. Gerade der Kontrast der eigenen Lage zu der fortschreitenden Expansion größerer Marktteilnehmer, die durch unrechtmäßiges Staatshandeln nur relativ moderat betroffen waren, hat bei vielen Betroffenen den Glauben an den Rechtsstaat tief erschüttert. Der Verfasser war anwaltlich mit dem Primärrechtsschutz der Betroffenen befaßt und setzt seit 2007 für die Wiedergutmachung des erlittenen Unrechts ein.

Karlsruhe, im Dezember 2015
Thomas Bartholmes

I.
Einführung

Normatives Unrecht, d.h. eine Rechtsvorschrift, die mit höherrangigem Recht unvereinbar ist, kann schon durch die bloße Existenz, oder aber durch seine Anwendung, Ursache für individuelle Nachteile sein, die den Betroffenen nicht widerfahren wären, hätte die betreffende Norm nicht existiert oder wären sie zumindest nicht angewandt worden. In den meisten Fällen können die Betroffenen durch Inanspruchnahme von Primärrechtsschutz die ihnen drohende Nachteile verhindern bzw. bereits eingetretenen Nachteile ganz oder weitgehend ungeschehen machen. Doch nicht immer ist dies möglich. Durch ihre allgemeine Geltung und u.U. gegebene Anwendbarkeit auf eine große Zahl unterschiedlicher Lebenssachverhalte können unrechtmäßige Rechtsvorschriften theoretisch erhebliche Schäden auslösen, deren Ausgleichung, soweit nicht im Rahmen des Primärrechtsschutzes möglich, eine Frage des Staatshaftungsrechts wäre. Begrifflich unterschieden wird das normative Unrecht in „legislatives Unrecht", d.h. mit höherrangigem Recht (Verfassungs- oder Unionsrecht, auch Bundesrecht gegenüber Landesrecht) unvereinbare förmliche, vom Parlament beschlossene Gesetze, und sonstiges normatives Unrecht, also Rechtsetzungen der Exekutive, wie Rechtsverordnungen sowie Satzungen von Gemeinden und Selbstverwaltungskörperschaften.

Der Anspruch auf Ersatz für Schäden, die Bürgern in Ausübung öffentlicher Gewalt rechtswidrig zugefügt worden sind, ist im deutschen Staatshaftungsrecht traditionell begrenzt auf Schäden infolge rechtswidriger Maßnahmen oder Unterlassungen der Exekutive und Judikative. Demgegenüber ist die gesetzgebende Tätigkeit der gewählten Volksvertreter in Bund und Ländern bis heute nach deutschem Recht zumindest im Grundsatz von jeder Haftung freigestellt[1], denkbar ist lediglich – bei Verstößen gegen Unionsrecht – ein unionsrechtlicher Staatshaftungsanspruch[2]. Der einzige geschriebene Haftungstatbestand, bei dem die Anwendung auf die Gesetzgebungstätigkeit nicht bereits vom Wortlaut her kategorisch ausgeschlossen ist, nämlich § 839 BGB, wird in ständiger Rechtsprechung dahingehend ausgelegt, daß es an einer drittgerichteten Amtspflicht der einzelnen Mandatsträger fehle[3]. Bei dem ungeschriebenen Haftungstatbestand des „enteignungsgleichen Eingriffs", der ursprünglich aus Art. 14 GG hergeleitet wurde und heute als gewohnheitsrechtli-

---

[1] BGH NJW 1989, 101.
[2] Grundlegend hierfür EuGH, NJW 1996, 1267 - Brasserie de Pecheur; BGHZ 134, 30.
[3] BGH NJW 1989, 101; BayObLG NJW 1997, 1514.

ches Rechtsinstitut gilt, das basiert auf dem Aufopferungsgedanken in seiner richterrechtlich geprägten Ausformung[4], wird der Umstand, daß der Eingriff unmittelbar vom Gesetzgeber vorgenommen wurde, seit einer Grundsatzentscheidung des BGH von 1987[5] als Ausschlußgrund angesehen.

Während einer Staatshaftung für unmittelbare Pflichtverletzungen des Gesetzgebers innerhalb der deutschen Rechtsordnung, vom Sonderfall des unionsrechtlichen Staatshaftungsanspruchs abgesehen, nie praktische Bedeutung zukam, da die Rechtsprechung in den (ohnehin seltenen) Fällen entsprechender Klagen Ansprüche konsequent verneinte[6], war umgekehrt bis 1987 praktisch unumstritten, daß die fehlende haftungsrechtliche Erfassung des legislativen Unrechts die Anwendung der bestehenden Haftungstatbestände auf exekutivisches Unrecht nicht tangieren kann. Wendet ein Amtsträger schuldhaft ein verfassungs- oder unionsrechtswidriges Gesetz an, kann er einer Haftung nach § 839 BGB nicht entgegenhalten, eine Haftung für legislatives Unrecht sei in der deutschen Rechtsordnung nicht vorgesehen. Positiviert wurde dieser Rechtsgrundsatz in § 5 Abs. 2 S. 2 des später für nichtig erklärten Staatshaftungsgesetz des Bundes vom 26.6.1981[7], der klarstellt, daß der explizite Haftungsausschluß bei Pflichtverletzungen durch gesetzgeberisches Verhalten (S. 1) die (nach dem StHG 1981 verschuldensunabhängig ausgestaltete) Haftung für Pflichtverletzungen der vollziehenden oder rechtsprechenden Gewalt, die ausschließlich auf dem Verhalten des Gesetzgebers beruhen, unberührt läßt. Erstmals wurde dieser Grundsatz durch das bereits erwähnte Urteil des BGH vom 12.3.1987 eingeschränkt, freilich nicht für einen gesetzlichen Haftungstatbestand, sondern für die nur gewohnheitsrechtlich anerkannte Haftung für enteignungsgleiche Eingriffe der Exekutive. Dies kann auch dadurch erklärt werden, daß sich bis dahin speziell in Bezug auf die Haftung für exekutivische Pflichtverletzungen, die ausschließlich auf dem Verhalten des Gesetzgebers beruhen, in Ermangelung entsprechender Fallkonstellationen noch keine entsprechende Rechtspraxis herausgebildet hatte, die (auch insoweit) Grundlage für die Bildung von Gewohnheitsrecht hätte werden können.

Die Erwägungen, um derenthalben der BGH die Anwendbarkeit der richterrechtlich entwickelten Haftung aus enteignungsgleichem Eingriff auf Fälle legislativen Unrechts sowie dessen Vollzug abgelehnt hat, nämlich die Wah-

---

[4] Siehe dazu BGHZ 90, 17, 29.
[5] BGHZ 100, 136 ff.
[6] BGH NJW 1989, 101 (Investitionshilfegesetz).
[7] BGBl. I S. 553; am 19.10.1982 für nichtig erklärt (BVerfGE 61, 149).

rung der Haushaltsprärogative des Parlaments[8], sind nicht übertragbar auf vom Gesetzgeber selbst geschaffene Haftungsnormen. Gleichwohl vertrat der BGH in zwei Urteilen vom 16.4.2015[9] die Auffassung, daß die – verschuldensunabhängig ausgestaltete – Haftung für rechtswidrige Maßnahmen von Ordnungsbehörden in NRW (§ 39 Abs. 1 lit. b) OBG NRW) nicht anwendbar sei, wenn die objektive Rechtswidrigkeit der Maßnahme ausschließlich darauf beruhe, daß das nationale Recht, das die Verwaltung für sich genommen zutreffend angewandt habe, dem Verfassungs- und dem Unionsrecht widersprochen habe. Damit wurde die bisherige Rechtsprechung zu Ansprüchen aus enteignungsgleichem Eingriff beim Vollzug verfassungswidriger Parlamentsgesetze ausgeweitet auf positivierte Ansprüche aus polizeirechtlicher Unrechtshaftung sowie auf die Anwendung unionsrechtswidriger Gesetze.

Der BGH erkennt in seinen Urteilen vom 16.4.2015 an, daß Behörden aufgrund des unionsrechtlichen Anwendungsvorrangs verpflichtet sind, dem Unionsrecht widersprechende mitgliedstaatliche Normen von sich aus unangewendet zu lassen, während sie verfassungswidrige Normen mangels Verwerfungskompetenz anzuwenden haben. Wende die Verwaltung das unionsrechtswidrige nationale Recht an, könne dieses Vorgehen, so der BGH, bei einer rein begrifflichen Betrachtung deshalb eher dem administrativen als dem legislativen Unrecht zuzuordnen sein[10]. Der mit dem Ausschluß legislativen Unrechts vom Anwendungsbereich des § 39 Abs. 1 Buchst. b OBG NRW angeblich verfolgte Zweck treffe nach Meinung des Gerichts aber auf diese Fallgestaltung gleichfalls zu: Würde man auch dann, wenn es nicht um Vollzugsdefizite der Verwaltung im Einzelfall gehe, sondern um den für sich genommen korrekten Gesetzesvollzug in einer Vielzahl von Fällen, die verschuldensunabhängige Haftung nach OBG durchgreifen lassen, würde der Ausschluß der Haftung der öffentlichen Hand wegen legislativen Unrechts weitgehend leerlaufen. Darüber hinaus wäre eine Erstreckung der „reinen Erfolgshaftung" der Ordnungsbehörden auf den Vollzug eines gegen Unionsrecht verstoßenden Gesetzes mit so weit reichenden finanziellen Folgen für die öffentlichen Haushalte verbunden, daß sich ohne einen eindeutig feststellbaren gesetzgeberischen Willen eine derartige Ausweitung der Haftung verbiete.

---

[8] BGHZ 100, 136, 145 f.
[9] III ZR 204/13 und III ZR 333/13 (=NVwZ 2015, 1309); hierzu Pagenkopf, NVwZ 2015, 1264 ff; Hartmann/Jansen, DVBl. 2015, 861 ff.
[10] BGH, Urt. v. 16.04.2015, III ZR 204/13, Rn. 36.

II.
Begriff und Erscheinungsformen der Schädigungen durch legislatives Unrechts

„Legislatives Unrecht" läßt sich, ausgehend von der Unterscheidung nach der Rechtsquelle und dem höherrangigen Recht, mit dem es konfligiert, in mehreren Gruppen zusammenfassen:

- Vom Bundesgesetzgeber beschlossene Gesetze, die mit dem Grundgesetz unvereinbar sind,
- Bundesgesetze, die mit Unionsrecht unvereinbar sind,
- Bundesgesetze, die mit der EMRK unvereinbar sind,
- Landesgesetze, die mit dem Grundgesetz, Bundesrecht einschließlich der EMRK, oder einer Landesverfassung unvereinbar sind, und
- Landesgesetze, die mit Unionsrecht unvereinbar sind.

Innerhalb dieser fünf Gruppen bilden Bundesgesetze, die mit der EMRK unvereinbar sind, einen Sonderfall. Während die Gesetze ansonsten auch aus dem Blickwinkel der nationalen Rechtsordnung legislatives Unrecht sind, gilt dies in diesem speziellen Fall nur aus dem Blickwinkel des Völkerrechts. Verstößt ein deutsches Bundesgesetz gegen die EMRK, so hat die Bundesrepublik Deutschland als Vertragspartei der EMRK dadurch ihre völkerrechtlichen Verpflichtungen verletzt, demgegenüber sich das Gesetz im Rahmen der innerstaatlichen Rechtsordnung zunächst weiterhin als anwendbar darstellt, da die EMRK keinen Geltungs- oder Anwendungsvorrang gegenüber sonstigem Bundesrecht besitzt.

Soweit sich die Bewertung eines Gesetzes als „legislatives Unrecht" auf die Unvereinbarkeit mit dem Grundgesetz, einer Landesverfassung oder – soweit Landesrecht betroffen ist – mit Bundesrecht stützt, setzt dies voraus, daß das Bundesverfassungsgericht oder ein Landesverfassungsgericht die Norm für unvereinbar mit dem Grundgesetz, der betreffenden Landesverfassung oder Bundesrecht erklärt hat. Das durch die Vorlagepflicht gemäß Art. 100 GG begründete Normverwerfungsmonopol der Verfassungsgerichte schließt es aus, daß die Fachgerichte eigenmächtig ihren Hauptsacheentscheidungen tragend die Annahme der Verfassungswidrigkeit eines formellen Gesetzes zugrundelegen. Soweit die Verfassungswidrigkeit zwar nahe liegt, aber noch nicht durch ein Verfassungsgericht verbindlich festgestellt wurde, können aus der vermuteten Verfassungswidrigkeit keinerlei haftungsrechtliche Rechtsfolgen, weder im Sinne einer Begründung noch eines Ausschlusses der Haftung, abgeleitet werden. Soweit die Eigenschaft als „legislatives Unrecht" demgegenüber aus einer Unvereinbarkeit nationalen Rechts mit Unionsrecht hergeleitet wird, läßt sie sich daran festmachen, daß der Europäische Gerichtshof entschieden hat oder im Falle seiner Befassung entscheiden würde, daß EU-Recht einer nationalen Regelung des betreffenden Inhalts entgegensteht. Anders als in Bezug auf die Normkonflikte zwischen europäischem Primär- und Sekundärrecht, einfachem Recht und Verfassungsrecht sowie Bundes- und Landesrecht ist also eine verbindliche Feststellung der Unvereinbarkeit durch den EuGH entbehrlich, und wäre zudem ohnehin nur im Rahmen eines Vertragsverletzungsverfahrens möglich. Europäisches Sekundärrecht könnte nur dann als „legislatives Unrecht" gelten, wenn der Europäische Gerichtshof seine Ungültigkeit festgestellt hat.

Der hier verwendete Begriff des „legislativen Unrechts" ist bewußt formaler Natur und besagt nicht mehr und nicht weniger, als daß ein formelles Gesetz mit höherrangigem Recht unvereinbar ist. Er besagt nichts über die Ursache der Unvereinbarkeit mit höherrangigem Recht, einen etwaigen Vorwurf an die zuständige Gesetzgebungskörperschaft sowie die haftungsrechtliche Verantwortlichkeit. „Legislativ" besagt lediglich, daß sich das Unrechtsurteil auf einen Akt der gesetzgebenden Gewalt, und nicht auf einen Akt der vollziehenden oder der rechtsprechenden Gewalt, bezieht. Es erscheint denkbar, daß ein Gesetz allein deshalb mit höherrangigem Recht unvereinbar ist, weil es durch von der Exekutive zu verantwortende Rahmenbedingungen delegitimiert wurde: Wiewohl hier der Unrechtsschwerpunkt eindeutig bei der Exekutive liegt und es höchst unangemessen scheint, von „gesetzgeberischem" Unrecht oder einer gesetzgeberischen Pflichtverletzung zu sprechen, die ja nur darin liegen könnte, daß der Gesetzgeber die Exekutive nicht wirkungsvoll von Rechtsbrüchen abgehalten und auch nicht als deren Konsequenz seinen eigenen Gestaltungswillen den durch Rechtsbruch geschaffenen Realitäten untergeordnet zu hat, so verbleibt doch die Verantwortung für die Fortexistenz des Gesetzes beim Gesetzgeber und das Gesetz selbst „legislatives" Unrecht. Umgekehrt ist es in keinem Fall angebracht, Verwaltungshandeln mit dem irreführenden Begriff des „legislativen" Unrecht zu kennzeichnen. Selbst wenn das Gesetz, in Verbindung mit dem verfassungsgerichtlichen Normverwerfungsmonopol, der Verwaltung keinerlei Handlungsspielraum läßt und damit der Unrechtsschwerpunkt unzweifelhaft auf gesetzgeberischer Ebene liegt, so ist doch begrifflich festzuhalten, daß der Eingriff in die Rechte des Normunterworfenen hier durch das Zusammentreffen eines rechtswidrigen Gesetzes und eines rechtswidrigen Verwaltungshandelns erfolgt. Hier den Begriff des „legislativen" Unrechts zu verwenden verschleiert den Blick auf die Rechtswidrigkeit auch des Verwaltungshandelns, das neben das rechtswidrige Handeln des Gesetzgebers tritt und zumindest in der Theorie eine Haftungskumulation bewirkt. Ebensowenig wie ein vom Parlament beschlossenes Gesetz exekutivisches Unrecht sein kann, kann ein Verwaltungsakt legislatives Unrecht sein. Eine andere Frage ist, ob es gerechtfertigt ist, auch die haftungsrechtlichen Konsequenzen allein anhand einer solch formalen Betrachtung auszurichten (dazu unter V.).

1. Legislatives Unrecht und dadurch bewirkte individuelle Schäden

Die Beziehung zwischen legislativem Unrecht und Schaden kann unterschiedlicher Natur sein. Abhängig ist dies von der Art des legislativen Unrechts[11]: Gesetze können in seltenen Fällen bereits unmittelbar in Rechte eingreifen und Schäden auslösen, viel häufiger jedoch durch ihre Befolgung, Durchsetzung oder Anwendung.

Legislatives Unrecht kann häufig schon seiner Art nach keine Vermögensschäden bei Grundrechtsträgern auslösen, die verletzten Vorschriften der Verfassung bzw. des Unionsrechts dienen nicht dem Grundrechts- bzw. Individualschutz, oder etwaige Schäden liegen außerhalb des Schutzbereichs der verletzten Vorschrift[12]. Soweit Vermögensschäden infolge gesetzgeberischer Pflichtverletzungen zunächst einmal entstehen, ist häufig eine Wiedergutmachung außerhalb des Staatshaftungsrechts unter dem Gesichtspunkt der Folgenbeseitigung bzw. des öffentlich-rechtlichen Erstattungsanspruchs möglich (z.B. Rückübertragung enteigneter Grundstücke, Rückzahlung zu Unrecht erhobener Steuern, vgl. § 37 Abs. 2 AO), wobei jedoch Zinsschäden verbleiben können[13]. In vielen Fällen können aber auch diese durch gesetzliche Ver-

---

[11] Siehe die Übersicht S. 75.
[12] Diese drei Gruppen umfassen zusammen 132 der 488 BVerfG-Entscheidungen seit 1951, in denen Gesetze für unvereinbar mit dem GG erklärt wurden (im Zeitraum 2006 bis 2015: 38 von 85, sowie 10 von 93 EuGH-Entscheidungen, in denen festgestellt wurde, daß EU-Recht deutschen Gesetzen entgegensteht). Siehe S. 55 f., 69.
[13] Dies betrifft 208 der 488 BVerfG-Entscheidungen seit 1951, in denen Gesetze für unvereinbar mit dem GG erklärt wurden (im Zeitraum 2006 bis 2015: 28 von 85, sowie 52 von 93 EuGH-Entscheidungen, in denen festgestellt wurde, daß EU-Recht deutschen Gesetzen entgegensteht). In 42 der 208 Fälle werden Zinsverluste durch eine verfassungsgerichtliche Übergangsregelung legitimiert (2006-15: 9 von 28). Siehe S. 59-62, 64, 70.

zinsungsregeln (z.B. § 233a AO) und die Möglichkeit der Geltendmachung von Prozeßzinsen ab Rechtshängigkeit (§ 291 BGB) ausgeglichen werden.

Vermögensschäden durch verfassungswidrige Gesetze werden zudem in der Praxis häufig dadurch vermieden, daß das Bundesverfassungsgericht sie verwirft, bevor sie Schäden anrichten können[14], oder ihr Inkrafttreten durch einstweilige Anordnungen hinausschiebt[15], teils auch durch Nichtvollzug im Vorfeld verfassungsgerichtlicher Entscheidungen[16]. Demgegenüber können Vermögensschäden durch unionsrechtswidrige Gesetze nicht bis zu einer höchstrichterlichen Klärung durch einstweilige Anordnungen generell verhindert werden, vielmehr nur individuell durch Eilverfahren, die sich gegen Vollzugsakte werden.

Von den danach verbleibenden Fällen legislativen Unrechts ist in einem beachtlichen Teil zu konstatieren, daß nach allgemeinen Regeln ersatzfähige Vermögensschäden, die durch das mit höherrangigem Recht unvereinbare Gesetz oder seine Anwendung bewirkt werden, nur in extrem seltenen Fällen entstehen können[17]: sei es, daß Anwendungsfälle der Normen extrem selten sind, sei es, daß die Normanwendung nur in extrem seltenen Fällen zu Schäden führen, die ursächlich auf den Verstoß gegen Verfassung, Unionsrecht oder EMRK zurückzuführen sind und nicht durchweg durch Primärrechtsschutz hätten vermieden werden können. Grundsätzlich kommt eine Staatshaftung

---

[14] BVerfGE 101, 54 (Schuldrechtsanpassungsgesetz), BVerfGE 102, 197 (Spielbankmonopol Baden-Württemberg).

[15] Dies betrifft Verbote (BVerfGE 93, 362 – Postulationsfähigkeit von Anwälten in neuen Ländern; BVerfGE 98, 265 – bayerische Beschränkungen von Abtreibungen), Erlaubnisvorbehalte (BVerfGE 117, 126 - Hufbeschlaggesetz) und privatrechtsgestaltende Akte - BVerfGE 85, 360 (Beendigung von Arbeitsverhältnisses kraft Gesetzes – DDR-Akademie der Wissenschaften).

[16] Bevor Regelungen zum Nichtraucherschutz 2008 durch die Verfassungsgerichte der Länder Rheinland-Pfalz, Saarland, Sachsen und Thüringen für unvereinbar mit den Landesverfassungen erklärt worden waren, war der Vollzug durch einstweilige Anordnungen gestoppt worden. In anderen Bundesländern verzichteten die Behörden von sich aus auf den Vollzug der Nichtraucherschutzgesetze. Auch im Vorfeld des Sportwettenurteils des BVerfG vom 28.3.2006 (1 BvR 1054/01) und der Entscheidung des StGH BW vom 17.6.2014 zu Spielhallen (1 VB 15/13) fand weitestgehend kein Vollzug (mehr) statt.

[17] Dies betrifft 56 der 488 BVerfG-Entscheidungen seit 1951, in denen Gesetze für unvereinbar mit dem GG erklärt wurden (im Zeitraum 2006 bis 2015: 9 von 85, sowie 17 von 93 EuGH-Entscheidungen, in denen festgestellt wurde, daß EU-Recht deutschen Gesetzen entgegensteht).

nämlich nur für solche Vermögensschäden in Betracht, die entstehen, weil der in Anspruch genommene Primärrechtsschutz zunächst keinen Erfolg hat.

Die Existenz oder Anwendung einer später für verfassungswidrig erklärten Gesetzes, oder eines mit Unionsrecht oder der EMRK unvereinbaren Gesetzes, zieht somit also nicht allzu häufig Vermögensschäden nach sich, die – blendet man einmal die vom BGH postulierte, in der Literatur indes bis heute umstrittene[18] haftungsrechtliche Exemtion für Erlaß legislativen Unrechts aus – nach allgemeinen Regeln[19] bei Bundesgesetzen vom Bund und bei Landesgesetzen vom jeweiligen Land zu erstatten wären. Noch viel seltener sind allerdings Schäden, die nach allgemeinen Regeln – wiederum die vom BGH postulierte haftungsrechtliche Exemtion für den Erlaß und auch die Anwendung legislativen Unrechts ausgeblendet – unter dem Gesichtspunkt eines aufopferungs- oder enteignungsgleichen Eingriffs zu ersetzen wären. Größere Schäden können in der Regel nur entstehen infolge von Gesetzen, die die freie Berufsausübung oder die Nutzung des Eigentums einschränken und – in Ermangelung einer verfassungsgerichtlichen Anordnung, die ihr Inkrafttreten verhindert – bis zur Klärung ihrer Unvereinbarkeit mit höherrangigem Recht die Vermögenslage Betroffener nachteilig beeinflussen, indem sie währenddessen Gewinn aus der Ausübung der unternehmerischen Tätigkeit oder Erträge der Eigentumsnutzung vereiteln: hier ist eine Wiedergutmachung nur über das Staatshaftungsrecht möglich. Verfassungs- und unionsrechtswidrige Eigentumsnutzungsbeschränkungen sind indes selten, häufiger dagegen verfassungs- oder unionsrechtswidrige Einschränkungen der Berufsausübungsfreiheit, bei der kein Eingriff in ein durch Art. 14 Abs. 1 GG geschütztes Recht erfolgt und mithin auch kein „enteignungsgleicher Eingriff" vorliegt.

Viele mit höherrangigem Recht unvereinbare Gesetzes können Schäden von vornherein nur dann verursachen, wenn sie durch Behörden oder Gerichte angewendet werden, insbesondere wenn auf ihrer Grundlage Handlungspflichten[20] oder Duldungspflichten[21] begründet oder Verbote ausgesprochen[22],

---

[18] Siehe etwa Hartmann/Jansen, DVBl. 2015, 752 ff.
[19] D.h. ein Verschulden der Gesetzesinitianten und/oder Abgeordneten vorausgesetzt.
[20] Z.B.: Unterhaltsleistungen, Wehrpflicht.
[21] Z.B.: Freiheitsentziehung.
[22] Diese Konstellation ist, soweit ersichtlich, bislang in der Bundesrepublik Deutschland nicht aufgetreten. In der Regel untersagen Behörden nur Betätigungen, die ohnehin kraft Gesetzes verboten sind. Ermächtigungsgrundlagen, die es Behörden erlauben, an sich erlaubte Tätigkeiten zu untersagen (z.B. § 14 OBG NRW zum Schutz

Grundrechtseingriffe vorgenommen, begünstigende Verwaltungsakte abgelehnt, Vergünstigungen versagt oder Ausschreibungsbedingungen festgelegt werden. Demgegenüber würden, wenn das Gesetz durch Exekutive und Judikative komplett ignoriert würde, auch keinerlei Schäden entstehen. Solche Gesetze können ihre eigentliche Wirksamkeit überhaupt nur dann entfalten, wenn sie im Rahmen des Verwaltungshandelns durch die Verwaltung, oder im Rahmen von Rechtsstreitigkeiten durch die Gerichte, angewandt werden, wie z.B. Ermächtigungsgrundlagen für Verwaltungshandeln oder Eingriffsakte der Judikative, oder Einwendungen, die einem bestimmten, vom Antragsteller begehrten Verwaltungshandeln, wie etwa Genehmigungen oder der Teilhabe an staatlichen Leistungen, oder zivilrechtlichen Ansprüchen oder Gestaltungsrechten entgegengehalten werden können. So wird etwa, um ein typisches Beispiel zu nennen, bei unbedenklichem Erlaubnisvorbehalt, die Erlangung der beantragten Genehmigung verweigert, indem die Behörde zum Nachteil des Antragstellers eine (mit höherrangigem Recht unvereinbare) Rechtsvorschrift anwendet, die es ihr ermöglicht, die Genehmigung zu verweigern, oder sie sogar dazu verpflichtet.

Würde die Behörde die Rechtsvorschrift nicht anwenden und stattdessen die Genehmigung erteilen, so entstünde dem Antragsteller aus der bloßen Existenz der Rechtsvorschrift noch kein Schaden. Geschädigt fühlen könnten sich dann (im Nachhinein) nur noch diejenigen, die sich schon durch die Existenz der Norm, oder auch durch Berichte über ihre Anwendung gegenüber anderen Antragstellern, in ihrem Verhalten beeinflussen ließen, etwa sich davon abhielten ließen, überhaupt Genehmigungsanträge zu stellen, Ansprüche geltend zu machen, Gestaltungsrechte auszuüben, oder ein bestimmtes, legales Verhalten in Erwartung einer drohenden Untersagung unterließen. Unmittelbare Schadensursache ist hier jedoch nicht das Gesetz, sondern vielmehr der freiwillige Verzicht auf die Ausübung und Geltendmachung bestehender Rechte. Dieser Akt der Selbstschädigung kann jedenfalls in dem hier konstruierten Szenario einer konsequenten Ignorierung des Gesetzes durch Exekutive und Judikative nicht mehr als dessen adäquat kausale Folge angesehen werden.

Verbote, Erlaubnisvorbehalte und Handlungsgebote gehören nicht in diese Kategorie: sie können schon dann Schäden verursachen, wenn die Normunterworfenen ihr Verhalten danach ausrichten; die Selbstschädigung des Bürgers infolge der Befolgung des Gesetzes muß sich der Gesetzgeber (jedenfalls im Grundsatz) als gewollte und zugleich auch typische Konsequenz seines

---

der öffentlichen Ordnung), wurden bislang nicht von BVerfG oder EuGH für unvereinbar mit höherrangigem Recht erklärt.

Handelns zurechnen lassen. Nur in extremen Ausnahmefällen mag es angehen, daß der Staat generell dem Bürger, dem durch die Befolgung unrechtmäßiger Gesetze Schäden entstanden sind, eine Obliegenheit zur eigenmächtigen Mißachtung geltenden Rechts entgegenhalten kann. Die systematische Nichtanwendung des Gesetzes genügt hier keineswegs. Vielmehr muß darüber hinaus in Exekutive und Judikative die einhellige Überzeugung bestehen, die betreffende Rechtsvorschrift sei unanwendbar, wie es etwa vorstellbar ist nach einer EuGH-Entscheidung, die die Unionsrechtswidrigkeit eben dieser Vorschrift festgestellt hat. Demgegenüber ist es weder zwingend noch auch nur naheliegend, die Befolgung eines unrechtmäßigen Gesetzes auch dann noch als adäquate kausale Folge legislativen Unrechts anzusehen, wenn der Betroffene bereits zuvor das Gesetz wissentlich verletzt hat: die spätere Verhaltensänderung des Betroffenen ist vielmehr typischerweise nicht mehr dem Respekt vor dem Gesetz als solchem, sondern eher dem Respekt vor dessen (erwarteter) Anwendung geschuldet. In der Regel entstehen denjenigen, die dem unrechtmäßigen Gesetz den Gehorsam verweigern, Schäden erst durch dessen Anwendung ihnen gegenüber (sei über behördliche Untersagungsanordnungen, wettbewerbsrechtliche Unterlassungsklagen oder einstweilige Verfügungen), so daß diese nur mittelbar auf legislatives, unmittelbar aber auf exekutivisches Unrecht zurückgehen. Gleiches gilt übrigens auch in den Fällen des „vorauseilenden Gehorsams" (Verhaltensänderung schon infolge behördlicher Hinweise, Anhörungen oder Normanwendung gegenüber Dritten), in dem Schadensersatz wohl in aller Regel schon deshalb ausscheiden muß, weil es den Betroffenen typischerweise zumutbar war, rechtsförmliche Anordnungen gegenüber ihnen selbst abzuwarten.

Das Abstandnehmen von vertraglichen Gestaltungen, denen die geschriebene Rechtsordnung die Anerkennung verweigert, ist typischerweise eine adäquat kausale Folge des entgegenstehenden Gesetzes. Denn die bloße Existenz des Gesetzes erschwert es erheblich, geeignete Vertragspartner zu finden, und zudem muß immer damit gerechnet werden, daß der Vertragspartner sich letztlich doch auf das geschriebene Recht berufen wird, man sich also nicht sicher sein kann, daß die vertragliche Gestaltung, der die Rechtsordnung die Anerkennung verweigert, auch tatsächlich umgesetzt werden kann. Generell läßt sich feststellen, daß auch demjenigen, der selbst zum Gesetzesbruch bereit ist, dann durch die bloße Existenz des Gesetzes adäquat kausale Schäden entstehen können, wenn er bei seinen Vorhaben auf die Mitwirkung Dritter angewiesen ist, und das Gesetz auch deren Mitwirkung sanktioniert und/oder dahingehenden Verträgen die Anerkennung verweigert. Denn in diesem Fall ist es infolge des Gesetzes typischerweise schwierig bis (nahezu) unmöglich, mitwirkungsbereite Dritte zu finden[23].

Schließlich gibt es auch Fälle, in denen Schädigungen nicht direkt durch staatliche Stellen ausgelöst werden, sondern durch (rechtmäßig oder rechtswidrig) handelnde Personen, dem Gesetzgeber jedoch hierfür eine Verantwortlichkeit angelastet werden kann, indem er das unmittelbar schadenstiftende Verhalten ermöglicht, legalisiert oder zumindest wirkungsvolle Gegenmaßnahmen erschwert hat[24]. Der Gesetzgeber kann schließlich auch höherrangiges Recht (konkret solches der EU) verletzen, indem er individuelle Rechtsansprüche auf staatliche Schutzmaßnahmen versagt[25].

Weitere Kategorien legislativen Unrechts sind Gesetze, die Rechtsschutzmöglichkeiten beschränken. Es fällt hier indes nicht leicht, einen Ursachenzusammenhang zwischen legislativem Unrecht und Schaden zu konstruieren. Wurde nämlich in der Sache korrekt entschieden, ist dem Betroffenen kein Schaden entstanden. Bei einer Fehlentscheidung ist hingegen diese die unmittelbare Ursache des Schadens, und nicht so sehr der Umstand, daß hiergegen keine ordentlichen Rechtsmittel gegeben sind (wohl aber die Möglichkeit der Verfassungsbeschwerde).

Schließlich bewirken eine Reihe Gesetze für Betroffene Nachteile allgemeiner Art, meist erst durch dessen Anwendung, gelegentlich auch schon durch dessen Existenz (was in manchen Fällen, wie etwa denen der Dienstbezeichnungen von Beamten, nur schwer zu trennen ist) bzw. die Befolgung durch Normunterworfene (z.B. Vorgaben für innere Struktur konfessioneller Krankenhäuser, Montanmitbestimmung). In dieser Fallgruppe ist kein größeres Schadenspotential zu erwarten: Entweder können Fallkonstellationen, in denen Betroffene durch die Anwendung des Gesetzes erhebliche Nachteile erleiden könnten, selten vor (z.B. Verweis auf ausländische Rechtsordnung im Scheidungsfall, Härten im Versorgungsausgleich), oder es ist kaum möglich, direkte Verbindungen zwischen der Anwendung oder Befolgung des unrechtmäßigen Gesetzes und konkreten Vermögensnachteilen herzustellen (z.B. Namenswahl,

---

[23] Konstellation im Fall Brasserie du Pecheur: Die Brauerei mußte den Export einstellen, da sich Vertriebspartner der weiteren Zusammenarbeit verweigerten, nachdem ihnen der Verstoß gegen das Reinheitsgebot bekannt geworden war. Der BGH sah in diesem Fall einen unmittelbaren Kausalzusammenhang zwischen legislativem Unrecht und Schädigung.
[24] Fallkonstellationen siehe S. 68, 72.
[25] EuGH, Urt. v. 25.7.2008, C-237/07 Janecek.

Amtsbezeichnungen, Briefbogengestaltung, innere Struktur konfessioneller Krankenhäuser, Montanmitbestimmung, Überwachungsmaßnahmen).

Viele rechtswidrige Gesetze können hinweggedacht werden, ohne daß die mit ihnen in Verbindung gebrachten Schäden entfielen: hier liegt letztlich der eigentliche Vorwurf gegenüber dem Gesetzgeber nicht darin, daß er die konkrete Norm erlassen hat, als vielmehr darin, daß er es unterlassen hat, weitere Normen zu schaffen, die nötig gewesen wären, um den verfassungs- oder unionsrechtlichen Anforderungen zu genügen. Verfassungsprozessual sind sie dadurch erkennbar, daß die Verfassungsgerichte nur ihre Unvereinbarkeit mit der Verfassung feststellen, sie aber nicht für nichtig erklären. Typischerweise gilt dies etwa für mit Art. 3 Abs. 1 GG unvereinbare Gesetze.

2. Verfassungswidrige Gesetze

Von „legislativem Unrecht" in Gestalt verfassungswidriger Gesetze kann überhaupt erst dann gesprochen werden, wenn das Bundesverfassungsgericht eine Norm für unvereinbar mit dem Grundgesetz oder Bundesrecht, oder ein Landesverfassungsgericht eine Norm für unvereinbar mit der betreffenden Landesverfassung erklärt hat. Das durch die Vorlagepflicht gemäß Art. 100 GG begründete Normverwerfungsmonopol der Verfassungsgerichte schließt es aus, daß die Fachgerichte eigenmächtig ihren Hauptsacheentscheidungen tragend die Annahme der Verfassungswidrigkeit eines formellen Gesetzes zugrundelegen.

Es gibt relativ häufig verfassungsgerichtliche Übergangsanordnungen[26], die die Betreffenden verpflichten, vergangene und häufig auch zukünftige Vermögensschäden infolge verfassungswidriger Gesetze entschädigungslos hinzunehmen[27]. Wird die verfassungswidrige Regelung lediglich für unvereinbar mit

---

[26] So auch im Sportwettenurteil BVerfGE 115, 276, freilich ohne Bedeutung für die parallel bestehende Unvereinbarkeit mit Art. 49 EGV (siehe Urteil EuGH, Urt. v. 8.9.2010, Rs. C-409/06 Winner Wetten).
[27] Siehe die Liste S. 63. In Abweichung von der bisherigen bundesverfassungsgerichtlichen Judikatur, wonach die übergangsweise Weiteranwendung verfassungswidrigen Rechts entschädigungslos hinzunehmen ist, hat der StGH BW mit Urt. v. 17.6.2014 (1 VB 15/13) zur Erlaubnispflicht für Altspielhallen die Durchsetzung des Erlaubnisvorbehalts trotz verfassungswidriger Stichtagsregelung in bestimmten Fällen mit einer Entschädigungspflicht geknüpft.

dem Grundgesetz erklärt wurde, kann der Gesetzgeber seiner Verpflichtung zur Herstellung eines verfassungskonformen Zustandes auch ohne den Ausgleich von Zinsnachteilen Genüge tun[28], wodurch Zinsnachteile der Betroffenen verfassungsrechtlich legitimiert werden.

In der Praxis haben verfassungswidrige Gesetze, die objektive Berufszulassungsschranken enthalten, das größte Potential, Vermögensschäden anzurichten. Die bislang vier Fälle, in denen verfassungswidrige Gesetze in der Praxis beachtliche Vermögensschäden ausgelöst haben dürften, fallen durchweg in diese Kategorie: nämlich die objektiven Zulassungsbeschränkungen für den Betrieb von Apotheken[29], die zahlenmäßige Kontingentierung der Kassenärzte[30], das Verbot des Gelegenheitsverkehrs mit Mietwagen[31] und das Sportwettenmonopol[32]. Bis zu den verfassungsgerichtlichen Entscheidungen war den Betroffenen eine lukrative wirtschaftliche Betätigung, nämlich die Eröffnung neuer Apotheken, die Behandlung von Kassenpatienten, der Betrieb von Mietwagen bzw. die Veranstaltung von Sportwetten, ohne verfassungsrechtliche Rechtfertigung verwehrt, wodurch den Betroffenen im betreffenden Zeitraum erhebliche Einnahmen entgingen, die sie hätten erzielen können, wenn die entsprechende Berufswahl ihnen schon damals ermöglicht worden wäre.

Es gibt bemerkenswerterweise allenfalls einen einzigen Fall[33], in dem nach den Grundsätzen über den enteignungsgleichen Eingriff Schäden infolge eines vom Bundesverfassungsgericht für nichtig erklärten Gesetzes in nennenswertem Umfang zu erstatten gewesen wären, da von den für nichtig erklärten Gesetzen praktisch nie durch Art. 14 Abs. 1 GG geschützte Rechtspositionen tangiert waren[34]. Mithin ist der vom BGH angeführte Anspruchsausschluß in Fällen

---

[28] Siehe die Liste S. 64.
[29] BVerfGE 7, 377.
[30] BVerfGE 11, 30.
[31] BVerfGE 11, 168.
[32] BVerfGE 115, 276.
[33] BVerfGE 78, 58 (Verbot der Verwendung warenzeichenrechtlich geschützter Lagebezeichnung eines Weinbergs). Inwieweit tatsächlich Gewinneinbußen ursächlich auf dieses Verbot zurückgingen, dürfte nicht einfach festzustellen sein.
[34] Im Fall BVerfGE 45, 287 (hamb. Enteignungsgesetz) ist zwar Art. 14 GG betroffen, Schäden jedoch kaum denkbar. Im Fall BVerfGE 98, 265 (bay. Beschränkungen von Abtreibungen) wurden Schäden durch einstweilige Anordnungen des BVerfG verhindert; es ist zudem fraglich, ob die betroffenen fünf Ärzte für ihre Praxen eigentumsrechtlichen Schutz als „eingerichteter und ausgeübter Gewerbebetrieb" hätten in Anspruch nehmen können. Im Fall BVerfGE 101, 54 (Schuldrechtsanpassung, Datschengrundstücke) wurde die Norm bereits vom BVerfG für nichtig erklärt, bevor sie

legislativen Unrechts bislang hypothetisch geblieben. In einigen praktisch seltenen Fallkonstellationen, insbesondere Freiheitsentziehungen aufgrund bestimmter verfassungswidriger Gesetze[35], wären Ansprüche aus Aufopferung (aufopferungsgleicher Eingriff) in Betracht gekommen[36]. In dem vom BGH 1987 entschiedenen Fall blieb unklar, ob überhaupt legislatives Unrecht vorlag; zudem gehört der dortige Fall in die größere Gruppe derjenigen, in denen durch Primärrechtsschutz eine dauerhafte Schädigung hätte vermieden werden können[37].

Demgegenüber könnte eine weit gefaßte, verschuldensunabhängige Haftung für rechtswidrige ordnungsbehördliche Maßnahmen, wie etwa in NRW § 39 Abs. 1 lit. b) OBG, dazu führen, daß die Träger der Ordnungsbehörden für Maßnahmen zur Durchsetzung verfassungs- und unionsrechtswidriger Verbote und Erlaubnisvorbehalte Entschädigungen leisten müssen. Denn die Nichtigerklärung durch das Verfassungsgericht wirkt zurück und hat zur Folge, daß sich die Anordnung, das scheinbar verbotene Tun zu unterlassen, als rechtswidrig erweist, weil das Verbot entfallen ist. Allerdings hat in den 34 Fällen, in denen Verbote ohne Erlaubnismöglichkeit (32) bzw. mit Erlaubnismöglichkeit (2) vom Bundesverfassungsgericht für unvereinbar mit dem Grundgesetz erklärt wurden, die ordnungsbehördliche Durchsetzung mithilfe klassischer Ordnungsverfügungen keine dominante Rolle gespielt, wichtiger waren (auch als Auslöser der verfassungsgerichtlichen Überprüfung) wettbewerbsrechtliche Schritte sowie Bußgelder.

Selbst bei konsequenter Durchsetzung der verfassungswidrigen Verbote und Erlaubnisvorbehalte mithilfe von Ordnungsverfügungen wären indes in keinem der bisherigen Fälle größere Schäden entstanden, die von den Trägern der

---

anwendbar wurde. Im Fall BVerfGE 52, 1 wurden zwar die unzureichenden Kündigungsmöglichkeiten bei Kleingartengrundstücken für unvereinbar mit Art. 14 Abs. 1 GG erklärt, jedoch identifizierte das BVerfG insoweit keine konkret verfassungswidrigen Normen, die es hätte für nichtig erklären können.

[35] BVerfGE 22, 180 (nur zehn Betroffene) und 91, 1. Zu hier möglicherweise bestehenden Ansprüchen nach Art. 5 Abs. 5 EMRK siehe sogleich.

[36] Dies hätte praktisch die verfassungswidrige Heranziehung zum Zivildienst (BVerfGE 78, 364), den Abschuß von Luftfahrzeugen (BVerfGE 115, 118) und eventuelle verfassungswidrige Auslieferungen (BVerfGE 113, 273) betreffen können.

[37] Hierzu hätte der betroffene Kleingarteneigentümer versuchen müssen, unter Berufung auf die Verfassungswidrigkeit der Preisobergrenze eine unzulässig hohe Pacht zivilgerichtlich einzuklagen und gegen ablehnende Urteile das Bundesverfassungsgericht anzurufen, das im Falle der Unvereinbarerklärung darüber zu befinden gehabt hätte, inwieweit der Gesetzgeber der Grundrechtsverletzung hätte abhelfen müssen.

Ordnungsbehörden zu ersetzen gewesen wären. Anders hätte es wohl ausgesehen, wenn man § 39 Abs. 1 lit. b) OBG auch auf die Versagung notwendiger Genehmigungen für bestimmte berufliche Betätigungen angewandt haben würde[38]. Daß die Entschädigung für den Vollzug legislativen Unrechts im Rahmen des § 39 Abs. 1 lit. b) OBG, anders als beim enteignungsgleichen Eingriff, eine größere rechtspraktische Bedeutung hätte haben können, liegt daran, daß – anders als bei jenem – die Haftung nicht vom Vorliegen eines Eingriffs in ein durch Art. 14 GG geschütztes Recht abhängt, sondern etwa auch bei Beschränkungen der Berufswahl- und Berufsausübungsfreiheit eingreift[39].

3. Unionsrechtswidrige Gesetze

Trotz des ungleich höheren Detaillierungsgrades der unionsrechtlichen Anforderungen an die Gesetzgebungstätigkeit eines Mitgliedstaates sind Feststellungen des Europäischen Gerichtshofes, das Unionsrecht stehe einer bestimmten deutschen parlamentsgesetzlichen Regelung entgegen, nach wie vor kaum häufiger als bundesverfassungsgerichtliche Entscheidungen, die Parlamentsgesetze für unvereinbar mit dem Grundgesetz oder nichtig erklären[40]. Dies resultiert daraus, daß die meisten neueren Gesetze, insbesondere fast alle, die zur Umsetzung von EU-Richtlinien ergehen, einer unionsrechtskonformen Auslegung zugänglich sind, zu der Deutschland im übrigen auch unionsrechtlich verpflichtet ist[41]. Ist eine unionsrechts- bzw. verfassungskonforme Interpretation möglich, so ist klar, daß Haftungsansprüchen wegen einer im Widerspruch dazu stehenden Behördenpraxis nicht der Einwand legislativen Unrechts entgegengehalten werden kann[42].

Die – nach bisheriger Rechtsprechung haftungsrechtlich entscheidende – Frage, ob überhaupt legislatives Unrecht vorliegt, ist bei Konflikten mit Unions-

---

[38] Größere Schäden hätten in der Vergangenheit entstehen können durch die Verweigerung von Erlaubnissen zum Betrieb von Apotheken, Mietwagenunternehmen oder auch Wettunternehmen.
[39] BGH NJW 1986, 182.
[40] Vgl. die Statistik auf S. 69.
[41] EuGH, Urt. v. 11.1.2007, Rs. C-208/05 ITC Rn 68, 69.
[42] Auch in dem der Grundsatzentscheidung BGHZ 100, 136 zugrundeliegenden Fall hatte die Vorinstanz Ansprüche aus enteignungsgleichem Eingriff zuerkannt, weil sie eine verfassungskonforme Interpretation des relevanten Gesetzes für möglich und erforderlich hielt.

recht davon abhängig, ob sich das nationale Recht unionsrechtskonform interpretieren läßt. Dies mag für manche der im Anhang dargestellten Fälle, in denen der EuGH festgestellt hat, Unionsrecht stehe einer bestimmten Regelung entgegen, durchaus möglich sein, so daß es entgegen der hiesigen Einordnung im Wirklichkeit am legislativen Unrecht fehlt. Ein Grenzfall ist die Frage der Rechtsfähigkeit von Gesellschaften, die nach ausländischen Rechtsordnungen gegründet wurden, ihren Hauptsitz aber in Deutschland haben[43]. Da es letztlich keine expliziten Regelungen im deutschen Recht gab oder gibt, die solchen Gesellschaften die Rechtsfähigkeit versagen würden, vielmehr die vom EuGH gerügte Rechtslage lediglich auf einer Auslegung beruhte, konnte durch eine geänderte, das Unionsrecht berücksichtigende Auslegung derartigen Gesellschaften auch ohne Gesetzesänderungen in der Praxis Rechtsfähigkeit zugebilligt werden, was konsequenterweise auch bedeutet, daß es insoweit an „legislativem" Unrecht fehlt.

Unionsrechtswidrige Gesetze bewirken tendenziell häufiger als verfassungswidrige Gesetze Vermögensschäden, wobei schadensträchtig die völlige Negation der unionsrechtlichen Grundfreiheiten für bestimmte Produkte[44] oder Berufe ist, also das absolute Verbot für Personen aus anderen EU-Mitgliedstaaten, innerhalb Deutschlands das betreffende Produkt anzubieten oder den Beruf zu ergreifen.

Neben dem Wettmonopol ist hier aus den EuGH-Entscheidungen der Jahre 2006 bis 2015 das Erfordernis der deutschen Staatsangehörigkeit für den Notarberuf zu nennen[45]. In der Zeit vorher gab es häufiger derartige Zugangsbeschränkungen, die an die Staatsangehörigkeit anknüpften,

Die insgesamt 26 Fälle, in denen der EuGH festgestellt hat, daß europäisches Recht deutschen Verbotsgesetzen oder Erlaubnisvorbehalten entgegengestanden hat[46], betreffen vorwiegend Importverbote. Ähnlich wie bei den verfassungswidrigen Gesetzen bzw. Erlaubnisvorbehalten spielt auch hier die ordnungsbehördliche Durchsetzung mithilfe von Ordnungsverfügungen, gestützt auf die polizei- bzw. ordnungsrechtliche Generalklausel, keine dominante Rolle, im Vergleich zu Wettbewerbsverfahren oder Bußgeldverfahren.

---

[43] EuGH, Urt. v. 5.11.2002, Rs, C-208/00 Überseering.
[44] Z.B. Bier, das nicht dem Reinheitsgebot entspricht, oder eben Sportwetten.
[45] Siehe S. 71.
[46] Siehe S. 71 und 73.

Soweit der EuGH in diesen Jahren festgestellt hat, daß EU-Recht einer gesetzlichen Regelung in Deutschland entgegengestanden hat, sind dadurch – mit einer Ausnahme[47] – nie Schäden entstanden, die nach den Grundsätzen über den enteignungsgleichen Eingriff bzw. die Aufopferung entschädigungspflichtig sein würden, sofern man diese in Fällen des Vollzugs von legislativem Unrecht für anwendbar hielte: betroffen ist vielmehr fast immer nur die Berufsfreiheit nach Art. 12 Abs. 1 GG.

Echte Normkollisionen zwischen nationalem und EU-Recht unterscheiden sich dadurch vom Fall verfassungswidriger Gesetze, daß die Exekutive hier eine Nichtanwendungspflicht hat, d.h. den Anwendungsvorrang des EU-Rechts beachten und entgegenstehendes nationales Recht nicht anwenden darf. Mithin liegt (anders als im Fall verfassungswidriger Gesetze, zu deren Beachtung die Verwaltung bis zu einer verfassungsgerichtlichen Nichtigerklärung verpflichtet ist) auf Seiten der Verwaltung, die ein unionsrechtswidriges Gesetz anwendet, eindeutig eine zurechenbare Pflichtverletzung vor, so daß – zumindest auch – von „exekutivischem Unrecht" gesprochen werden kann, mithin jedenfalls kein Fall rein legislativen Unrechts vorliegt[48]. Soweit die Anwendung bzw. Durchsetzung des unionsrechtswidrigen Gesetzes im Ermessen der Behörde liegt, bleibt der Behörde im Fall der Ungewißheit über die Unionsrechtswidrigkeit die Wahl, entweder das Gesetz anzuwenden und damit im Fall der Unionsrechtswidrigkeit klar gegen geltendes Recht zu verstoßen, oder aber das Gesetz nicht anzuwenden und sich damit in jedem Fall rechtmäßig zu verhalten.

4. Verstoß gegen die EMRK

Da die EMRK als einfaches Bundesrecht nicht über den sonstigen nationalen Gesetzen steht, stellt sich die Anwendung konventionswidrigen Rechts nicht als „rechtswidrig" im Sinne der polizeirechtlichen Unrechtshaftung bzw. des enteignungsgleichen Eingriffs dar. Eine Staatshaftung für legislatives Unrecht, und auch dessen Anwendung, kann indessen durch in der EMRK selbst enthaltene Haftungstatbestände (Art. 5 Abs. 5, 41) realisiert werden[49].

---

[47] Vollzug von § 6 Abs. 1a AGGrdstVG BW (Beanstandung der Landverpachtung an Schweizer Landwirte zwecks Export von Agrargütern in die Schweiz, s.u. S. 72).

[48] So jetzt auch der BGH (Fn. 10), Rn. 36

[49] Dies betrifft praktisch die konventionswidrige Regelung zur nachträglichen Sicherungsverwahrung (§ 67d Abs. 3 StGB a.F.), EGMR NJW 2010, 2495, die später auch für unvereinbar mit dem Grundgesetz erklärt wurde (BVerfGE 128, 326).

III.
Die Haftung bei legislativem Unrecht in der Rechtsprechung

Die Haftung des Staates in Fällen legislativen Unrechts ist durch die Rechtsprechung, entgegen landläufiger Meinung, nie kategorisch ausgeschlossen worden, auch wenn sie in der Praxis keine Bedeutung erlangt hat. Grundlegend ist hier das Urteil des Reichsgerichts vom 4.11.1930 (III 415/29)[50], das streng unterschieden hat zwischen dem a priori nicht staatshaftungsrechtlich erfaßten Handeln des formellen Gesetzgebers einerseits und dem Vollzug des Gesetzes andererseits. In Bezug auf den Vollzug prüfte das Reichsgericht eingehend ein mögliches Verschulden der Amtswalter, ging also von der grundsätzlichen Anwendbarkeit von § 839 BGB aus, während es bei der Gesetzgebungstätigkeit selbst das Vorliegen einer drittgerichteten Amtspflicht verneint hat. Dies entspricht auch der heutigen Rechtsprechung zu § 839 BGB, wonach legislatives Unrecht i.e.S. nicht erfaßt ist, wohl aber dessen Vollzug. Praktisches Hindernis für eine wirksame Staatshaftung in Fällen legislativen Unrechts ist bis heute die in der Regel fehlende Bereitschaft der Gerichte, dem Rechtsanwender, der eine verfassungs- oder auch unionsrechtswidrige Norm anwendet, Verschulden zu attestieren[51].

1. Die Rechtsprechungsentwicklung bis zum Naßauskiesungsbeschluß (1981)

Bis zum Naßauskiesungsbeschluß des Bundesverfassungsgerichts vom 14.7.1981[52] war die Meinung vorherrschend, daß in Fällen legislativen Unrechts zumindest eine Haftung des Staates unter dem Gesichtspunkt des enteignungsgleichen Eingriffs eingreifen müsse, ausgehend von den Aussagen des Großen Senats des BGH im Beschluß vom 10.6.1952[53], mit dem sowohl der Begriff des „enteignungsgleichen Eingriffs" als auch dessen haftungsrechtliche Konsequenzen begründet wurden, und in dem der rechtswidrige Einzelvollzug eines nichtigen gesetzgeberischen Aktes als Musterbeispiel einer enteignungsgleichen Wirkung vorgestellt wurde[54]. Der Große Senat unterschied Enteignungen einerseits, deren Merkmal die Rechtmäßigkeit sein sollte, und enteignungsgleiche Eingriffe, die wie Enteignungen wirken, aber rechtswidrig sind,

---

[50] RGZ 130, 319.
[51] BayObLG NJW 1997, 1514.
[52] BVerfGE 58, 300.
[53] BGHZ 6, 270.
[54] BGHZ 6, 270, 279.

wobei die Rechtswidrigkeit ihrerseits wegen des damit verbundenen Sonderopfers bereits den enteignungsgleichen Charakter der Maßnahme konstituieren kann. Die Entschädigungspflicht bei „enteignungsgleichen Eingriffen" wird wie folgt hergeleitet:

„Es ist aber geboten, unrechtmäßige Eingriffe der Staatsgewalt in die Rechtssphäre eines Einzelnen dann wie eine Enteignung zu behandeln, wenn sie sich für den Fall ihrer gesetzlichen Zulässigkeit sowohl nach ihrem Inhalt wie nach ihrer Wirkung als eine Enteignung darstellen würden und wenn sie in ihrer tatsächlichen Wirkung dem Betroffenen ein besonderes Opfer auferlegt haben. Die Beschränkung des Tatbestandes der Enteignung in Art 153 WeimVerf und in Art 14 GrundG auf rechtmäßige Eingriffe des Staates bedeutet ihrem Sinn nach eine Beschränkung für die Zulässigkeitsvoraussetzungen eines solchen Eingriffs, nicht aber eine Beschränkung für die Zubilligung eines Entschädigungsanspruchs. Der entscheidende Grundgedanke für die Zubilligung eines Entschädigungsanspruchs ist bei einem unrechtmäßigen Staatseingriff, der in seiner Wirkung für den Betroffenen einer Enteignung gleichsteht, mindestens in dem gleichen Maße gegeben wie bei einer rechtmäßigen, also gesetzlich zulässigen Enteignung"[55].

Ausgehend von dieser Herleitung des Entschädigungsanspruchs für enteignungsgleiche Eingriffe war es zwangsläufig, für den Vollzug eines verfassungswidrigen Regelungsgesetzes i.S.d. Art. 14 Abs. 1 S. 2 GG eine Entschädigungspflicht auf der Grundlage von Art. 14 Abs. 3 GG anzunehmen[56], und für Vollzug eines verfassungswidrigen Enteignungsgesetzes in gleicher Weise Entschädigungen zuzusprechen wie für den Vollzug eines verfassungskonformen Enteignungsgesetzes[57], selbst wenn das verfassungswidrige Enteignungsgesetz auf eine Entschädigungsregelung verzichtet hatte und gerade deshalb verfassungswidrig war. Die Enteignung aufgrund des verfassungswidrigen Gesetzes war mangels Rechtmäßigkeit keine „Enteignung" im Rechtssinne. Indes war sie als enteignungsgleicher Eingriff zu werten, der ebenfalls eine Entschädigungspflicht des Staates auf der Grundlage von Art. 14 Abs. 3 GG auslösen sollte. In späteren Entscheidungen nahm der BGH ausdrücklich Bezug auf seine „Grundsätze ... über den enteignungsgleichen Eingriff, insbesondere auch durch Vollziehen eines nichtigen Gesetzes"[58] und bezeichnete sogar den unmittelbar durch Gesetz vorgenommenen Eingriff in eine fremde,

---

[55] BGHZ 6, 270, 290.
[56] BGHZ 53, 226, 243.
[57] Forsthoff, Lehrbuch des Verwaltungsrechts, 10. Aufl. 1973, § 18 , 3 S. 354.
[58] BGH v. 25.11.1955 (V ZR 188/54, BGHZ 19, 139).

den Eigentumsschutz genießende Rechtsposition explizit als „enteignungsgleichen Eingriff"[59]. Besagter Begriff wurde dabei undifferenziert sowohl auf rechtswidrige Enteignungen i.e.s. wie auch auf rechtswidrige Inhalts- und Schrankenbestimmungen angewandt, wiewohl die Haftung für letztere bereits vor dem Beschluß des Großen Senats vom 10.6.1952 in entsprechender Anwendung der §§ 74, 75 Einl. prALR anerkannt war[60]. Heute umfaßt er ausschließlich die letztgenannte Gruppe.

Praktische Anwendungsfälle einer über Art. 14 Abs. 3 GG begründeten Entschädigungspflicht des Staates bei „enteignungsgleichen Eingriffen" (i.w.S.) durch Vollzug verfassungswidriger (oder auch europarechtswidriger) Gesetze sind in der veröffentlichen Rechtsprechung, soweit ersichtlich, nicht dokumentiert, da es in der Regel nicht entscheidungserheblich auf die Frage ankam[61] und Fallkonstellationen, in denen es auf die Frage ankommen würde, so gut wie nie auftreten. 1953 vertrat der BGH die Auffassung, daß der Vollzug einer gesetzesgleichen, jedoch grundrechtswidrigen besatzungsrechtlichen Ermächtigungsgrundlage eine Entschädigungspflicht wegen enteignungsgleichen Eingriffs auslöste[62]. Darin kommt der Grundgedanke zum Ausdruck, daß die Haftung der Verwaltung für den Vollzug grundrechtswidriger Normen nicht notwendigerweise einhergehen muß mit einer staatshaftungsrechtlichen Verantwortlichkeit des Normgebers selbst (hier der Besatzungsmacht), mithin das Vollzugsorgan letztlich auch keinen Regreß nehmen kann, das „legislative Unrecht" mithin auf eigenes Risiko vollzieht. Eine Entschädigung wegen enteignungsgleichem Eingriff hielt der BGH auch für (durch privater Bergwerksbesitzer unmittelbar verursachte) Bergschäden gerechtfertigt, die aufgrund der verfassungswidrigen Regelung in §§ 148 PrABG entschädigungslos zu dulden waren[63], was der Sache nach eine Haftung für (vorkonstitutionelles) legislatives Unrecht darstellt.

---

[59] BGHZ 56, 40, 42.
[60] RGZ 140, 276; BGHZ 6, 270, 276.
[61] Der VI. Zivilsenat äußerte in BGHZ 54, 76 diverse Einwände gegen eine Haftung der DB für das verfassungswidrige Verbot von Mitfahrzentralen (vgl. BVerfGE 17, 306), ohne in Betracht zu ziehen, daß der Charakter als legislatives Unrecht einer Haftung entgegenstehe.
[62] Urt. v. 14.7.1953, V ZR 127/51, BGHZ 10, 255.
[63] BGHZ 53, 226.

2. Der „Naßauskiesungsbeschluß" und die Folgen für die Entschädigungspflicht

Der BGH nahm an, daß die – noch bis 1981 in der Rechtspraxis praktisch allgemein anerkannten – Grundsätze über den enteignungsgleichen Eingriff, „insbesondere auch durch Vollziehen eines nichtigen Gesetzes", durch das Bundesverfassungsgericht „nicht rundweg abgelehnt werden" würden[64]. Tatsächlich wurde jedoch durch den bekannten „Naßauskiesungsbeschluß" des BVerfG vom 14.7.1981[65] nicht bloß der verfassungsrechtlichen Herleitung der Haftung für enteignungsgleiche Eingriffe die Grundlage entzogen, vielmehr auch – zumindest für bestimmte, hier relevante Konstellationen – der Haftung selbst. Nach BVerfG ist bei verfassungswidrigen Enteignungsgesetzen, einschließlich solchen, deren Verfassungswidrigkeit sich gerade aus dem Fehlen einer den Vorgaben des Art. 14 Abs. 3 S. 4 GG genügenden Entschädigungsregelung ergibt, eine Entschädigung auf der Grundlage der Grundsätze über den enteignungsgleichen Eingriff kategorisch ausgeschlossen: der Betroffene ist darauf angewiesen, die gerichtliche Aufhebung des Eingriffsaktes anzustreben, demgegenüber ihm mangels gesetzlicher Grundlage keine Entschädigung zugebilligt werden kann[66]. Hervorzuheben ist sodann die grundsätzliche Klärung, daß Inhalts- und Schrankenbestimmungen i.s.d. Art. 14 Abs. 1 S. 2 GG auch im Falle ihrer Verfassungswidrigkeit keinen enteignenden Charakter annehmen[67], so daß auch hier keine Grundlage für eine Entschädigung gemäß Art. 14 Abs. 3 S. 4 GG besteht.

Auch wenn die Entschädigung für enteignungsgleiche Eingriffe aufgrund des Naßauskiesungsbeschlusses nicht mehr aus Art. 14 Abs. 3 GG hergeleitet werden kann, bietet nach der Rechtsprechung des BGH der Aufopferungsgedanken in seiner richterrechtlich geprägten Ausformung eine Anspruchsgrundlage[68], die weiterhin mit dem Schlagwort des „enteignungsgleichen Eingriffs" bezeichnet wird und die letztlich auf die §§ 74, 75 Einl. prALR, die kraft Gewohnheitsrechts auch außerhalb des territorialen Anwendungsbereichs des Allgemeinen Landrechts gelten[69], zurückgeführt werden kann. Die Entschädigung für eine *unmittelbar* durch ein verfassungswidriges Gesetz zugefügte Beeinträchtigung des Eigentums läßt sich jedoch nicht gewohnheitsrechtlich

---

[64] BGHZ 19, 139, 149.
[65] BVerfGE 58, 300.
[66] BVerfGE 58, 300, 324.
[67] BVerfGE 58, 300, 320.
[68] BGHZ 90, 17, 29.
[69] BGH NJW 1957, 1595.

begründen. Im Gegenteil sollte der Aufopferungsanspruch nach §§ 74, 75 Einl. prALR nach der Kabinettsordre vom 4.12.1831[70] nur für Eingriffe durch Einzelakt gelten. Die Kabinettsordre verweist demgegenüber darauf, daß im Falle der Anordnung einer „Maaßregel der inneren Verwaltung unmittelbar durch einen Akt der Gesetzgebung" dem betroffenen Privatinteresse gegebenenfalls bereits durch gesetzliche Regelungen Rechnung getragen werde.

Unterscheidet man, im Einklang mit der Regelung in § 5 Abs. 2 StHG, strikt zwischen haftungsrechtlich nicht erfaßten Pflichtverletzungen des Gesetzgebers selbst und haftungsrechtlich erfaßten Pflichtverletzungen von Exekutive und Judikative, die ausschließlich auf Pflichtverletzungen des Gesetzgebers beruhen, so wird durch den Ausschluß der Haftung bei Pflichtverletzungen des Gesetzgebers die öffentliche Hand nur dann entlastet, wenn die gesetzgeberischen Pflichtverletzungen, d.h. das legislative Unrecht, die Schäden bereits für sich genommen, ohne Anwendung der Norm, auslösen. Ist der Schadenseintritt hingegen von einer Anwendung der Norm abhängig, wird lediglich die Haftung auf die normanwendende Instanz verlagert, vorbehaltlich etwaiger Regreßansprüche gegen den Gesetzgeber, wie sie § 11 S. 1 StHG vorgesehen hat.

Solche Regreßansprüche des Normanwenders gegen die erlassende Körperschaft bedürfen einer gesetzlichen Grundlage, die selbst für diejenigen Fälle normativen Unrechts, für die eine Haftung aus enteignungsgleichem Eingriff anerkannt ist (Rechtsverordnungen und Satzungen), bis heute nicht existiert. Soweit man eine Haftung zwar für den Vollzug, nicht aber für den Erlaß legislativen Unrechts bejaht, ist die Konsequenz die, daß der Normanwender selbst dann mit den haftungsrechtlichen Folgen des normativen Unrechts endgültig belastet ist, wenn er zu dessen Anwendung verpflichtet war. Soweit es um Rechtsverordnungen und Satzungen geht, dürfte die Lösung darin liegen, auch gegen die erlassende Körperschaft Ansprüche aus enteignungsgleichem Eingriff anzuerkennen und, soweit Ansprüche wegen der Normanwendung eine andere Körperschaft treffen, beide gesamtschuldnerisch gegenüber dem Geschädigten haften zu lassen. Da bei legislativem Unrecht i.e.S. eine unmittelbare Haftung des Gesetzgebers, insoweit in einer bis zur Kabinettsordre vom 4.12.1831 zurückgehenden und bis heute lediglich durch den unionsrechtlichen Staatshaftungsanspruch durchbrochenen Rechtsanwendungstradition, ausscheidet, erscheint eine isolierte Haftung des Normanwenders dann unbillig, wenn er zur Normanwendung verpflichtet war, weil ihm zum einen das verfassungswidrige Gesetz keinerlei Spielraum belassen hat und zum anderen er das

---

[70] Pr. GS S. 255.

verfassungswidrige Gesetz im Hinblick auf das Normverwerfungsmonopol des BVerfG als rechtswirksam zugrundelegen mußte. In dieser besonderen Konstellation, die natürlich voraussetzt, daß die verfassungswidrige Norm nicht zugleich auch unionsrechtswidrig ist und *deshalb* unangewendet bleiben muß, erscheint im übrigen auch eine Haftung nach § 839 BGB, unabhängig vom Verschulden, bereits tatbestandlich nicht vorstellbar. Denn ein Amtsträger, der nur unter Mißachtung des verfassungsgerichtlichen Normverwerfungsmonopols die Schädigung des Individuums vermeiden könnte, handelt bereits nicht amtspflichtwidrig, wenn er das verfassungswidrige Gesetz widerwillig anwendet und den Betroffenen auf den Rechtsweg verweist.

3. Das Urteil des BGH vom 12.3.1987 (III ZR 216/85)

Der Sache III ZR 216/85 zugrunde liegt der Fall eines Kleingarteneigentümers, der von den Pächtern seiner Kleingärten im Regelfall den durch die beklagte Stadt festgesetzten höchstzulässigen Pachtzins erhalten hat, in Einzelfällen indes auch einen höheren Pachtzins. Dem Eigentümer war nicht allein durch die Pachtobergrenze, sondern auch durch die verfassungswidrige Beschränkung der Kündigungsmöglichkeiten die faktische Vereinbarung höherer Pachtzinsen wesentlich erschwert, wenngleich nicht unmöglich gemacht; es dürfte zudem für ihn möglich gewesen sein, gegen einzelne Pächter Musterprozesse über die Einklagbarkeit von Pachtzinsen jenseits der Höchstgrenze zu führen, innerhalb derer die Verfassungskonformität der Höchstgrenze hätte geprüft werden können, ebenso wie im Rahmen einer Feststellungsklage gegen die später im Staatshaftungsprozeß beklagte Stadt.

Nachdem der Kleingarteneigentümer Primärrechtsschutz nicht in Anspruch genommen hatte, verklagte später sein Testamentsvollstrecker die Stadt auf Entschädigung in Höhe des Unterschieds zwischen den festgesetzten Höchstbeträgen und den marktgerechten Preisen. Das OLG Celle hatte der Klage, gestützt auf enteignungsgleichen Eingriff, mit der Begründung stattgegeben, die verfassungskonform zu interpretierenden Ermächtigungsgrundlagen für die Festsetzung der Preisobergrenze hätten die Stadt zu einer höheren Höchstpreisfestsetzung gezwungen, da sie keine Ermächtigung zu Eingriffen von enteignender Wirkung enthielten.

Der BGH hat demgegenüber eine solche verfassungskonforme Auslegung der Ermächtigungsgrundlage für nicht zulässig erachtet. Er mußte daher entscheiden, ob die beklagte Stadt für einen etwaigen „enteignungsgleichen Eingriff" durch Gebrauchmachen von einer verfassungswidrigen Ermächtigungsgrundlage haften muß. Hierbei prüfte der BGH zunächst, ob für die Ermächtigungsgrundlage selbst eine Entschädigungspflicht nach den Grundsätzen über den enteignungsgleichen Eingriff bestehe, und verneint dies mit der Begründung, der Ausgleich von Nachteilen, die unmittelbar durch ein verfassungswidriges formelles Gesetz herbeigeführt werden, halte sich nicht mehr im Rahmen eines richterrechtlich geprägten und ausgestalteten Haftungsinstituts. Der BGH beschränkte sich indes nicht darauf, Ansprüche unmittelbar gegen den Gesetzgeber zu versagen, die im dortigen Fall gar nicht streitgegenständlich waren. Vielmehr entschied er, auch der Ausgleich von Nachteilen, die lediglich *mittelbar* durch ein verfassungswidriges Gesetz herbeigeführt würden, halte sich ebenfalls nicht mehr im Rahmen eines richterrechtlich geprägten und ausgestalteten Haftungsinstituts. Der BGH stellte damit undifferenziert Eingriffe, die nicht durch das verfassungswidrige (formelle) Gesetz selbst, sondern einen darauf gestützten Verwaltungsakt oder eine aufgrund des Gesetzes erlassene untergesetzliche Rechtsnorm erfolgen, dem „legislativen Unrecht" i.e.S. gleich. Die Zubilligung von Entschädigungsansprüchen für legislatives Unrecht in Gestalt eines mit dem Grundgesetz nicht zu vereinbarenden formellen Gesetzes (einschließlich dessen Vollzug) könne, wie der BGH ohne nähere Begründung unterstellt, für die Staatsfinanzen weitreichende Folgen haben. Schon das spreche dafür, die Haushaltsprärogative des Parlaments in möglichst weitgehendem Umfange zu wahren und die Gewährung von Entschädigung für legislatives Unrecht der Entscheidung des Parlamentsgesetzgebers zu überantworten, zumal hier verschiedene, nicht unerheblich voneinander abweichende Lösungen denkbar seien. Dies gelte auch für Eingriffe durch Rechts- und Verwaltungsakte, die aufgrund eines solchen Gesetzes ergangen seien[71].

Daß sich das Staatshaftungsgesetz vom 26.6.1981 explizit und unmißverständlich dafür entschieden hatte, die grundsätzliche Haftungsfreistellung für legislatives Unrecht (§ 5 Abs. 2 S. 1 StHG) *nicht* auf Verwaltungsakte zu erstrecken, deren Rechtswidrigkeit ausschließlich auf dem Verhalten des Gesetzgebers beruht (§ 5 Abs. 2 S. 2 StHG), wird vom BGH ebenso übergangen wie der Umstand, daß der damalige Gesetzgeber, ausweislich der Gesetzesbegründung, durch die Haftung in „Beruhensfällen" keine zusätzlich eintretende Kostenbelastung der öffentlichen Hand erwartete. Die explizite Differenzierung zwischen legislativem Unrecht und „Beruhensfällen" war rechtspolitisch nie umstritten und lag - unausgesprochen - auch dem nicht realisierten Staatshaftungs-Gesetzentwurf der vorherigen Legislaturperiode[72] zugrunde. Auch der

---

[71] BGHZ 100, 136, 145.
[72] BT-Drs. 8/2079; s. hierzu insbes. BT-Drs. 8/2080, S. 9.

Vorschlag der Opposition, das Verschuldenserfordernis des § 839 BGB weitgehend zu nivellieren[73] und damit das bisherige Haupthindernis für eine Haftung für Beruhensfälle im Rahmen des § 839 BGB entfallen zu lassen, basiert auf einer solchen Differenzierung zwischen dem weiterhin nicht erfaßten legislativem Unrecht i.e.S. und dessen Vollzug.

Das Urteil des BGH vom 12.3.1987 hält es offensichtlich für nicht entscheidungserheblich, ob die Exekutive *verpflichtet* gewesen wäre, in Anwendung verfassungswidrigen Rechts dem Bürger, konkret dem Kleingarteneigentümer, verfassungsrechtlich nicht zumutbare Nachteile zu bereiten, oder ob die beklagte Stadt zumindest *berechtigt* gewesen wäre, die Pachtobergrenze so festzusetzen, daß den durch Art. 14 Abs. 1 GG geschützten Rechtspositionen der betroffenen Kleingarteneigentümer materiell Genüge getan gewesen wäre. Die Ausführungen zum Inhalt der betroffen kleingartenrechtlichen Vorschriften lassen aber erkennen, daß der BGH für den Verordnungsgeber nur wenig Spielraum bei der Höchstpreisfestsetzung anerkennen mochte.

4. Neuere Rechtsprechung zur Staatshaftung bei legislativem Unrecht

Der BGH hat später die Rechtsprechung zum Ausschluß einer Haftung aus enteignungsgleichem Eingriff in „Beruhensfällen" ausgeweitet auf Fälle des Vollzugs rechtswidrigen Sekundärrechts der EG[74], wobei auch insoweit die besondere Zwangslage der Bundesrepublik bei Umsetzung rechtswidrigen Sekundärrechts bzw. der deutschen Verwaltung bei dessen Anwendung unerwähnt blieb. 1993 entschied der BGH, daß auch der Ausgleich von Nachteilen, die unmittelbar oder mittelbar durch ein gegen das europäische Gemeinschaftsrecht verstoßendes formelles Gesetz herbeigeführt werden, sich nicht mehr im Rahmen eines richterrechtlich geprägten und ausgestalteten Haftungsinstituts (enteignungsgleicher Eingriff) halte (Vorlagebeschluß Brasserie du Pecheur)[75]. Entscheidungstragend sind die Ausführungen, insbesondere soweit sie Beruhensfälle betreffen, nicht: zum einen fehlte es bereits an einem Eingriff in eine eigentumsmäßig geschützte Rechtsposition der Klägerin, zum anderen waren streitgegenständlich ausschließlich Ansprüche wegen legislativem Unrecht i.e.S., da behördliche Maßnahmen nicht die Klägerin selbst (Brauerei), sondern

---

[73] BT-Drs. 8/4144, S. 33.
[74] BGHZ 125, 27, 38.
[75] BGH NVwZ 1993, 601; bestätigt BGHZ 134, 30.

lediglich deren Vertriebspartner betroffen hatten[76]. In Betracht kommt bei legislativem Unrecht i.e.S., nach der in der Sache eingeholten Vorabentscheidung des Europäischen Gerichtshofes[77], indes ein unionsrechtlicher Staatshaftungsanspruch.

Bei Haftungstatbeständen außerhalb des klassischen Staatshaftungsrechts gibt es keine erkennbaren Tendenzen, Fälle des Vollzugs legislativen Unrechts oder auch dieses selbst allein aus diesem Grund von einer Haftung auszuklammern. Die privatrechtliche Durchsetzung legislativen Unrechts mithilfe einstweiliger Verfügungen führt zu einer Haftung nach § 945 ZPO[78]. Die öffentliche Hand als Arbeitgeber trifft eine Entschädigungspflicht nach § 15 Abs. 2 AGG selbst dann, wenn die „Diskriminierung" des Beamten durch förmliche Beamtenrechtsgesetze zwingend vorgegeben war[79]. Der Entschädigungsanspruch nach Art. 5 Abs. 5 EMRK betrifft nicht nur Entschädigungen wegen richterlicher Freiheitsentziehungen auf der Grundlage eines konventionswidrigen Bundesgesetzes[80], sondern auch Ansprüche gegen den Bund selbst wegen des Erlasses konventionswidriger Regelungen (hier § 67 Abs. 3 StGB – nachträgliche Sicherheitsverwahrung), wobei Bund und Land gesamtschuldnerisch haften[81]. Analog dazu wird auch bei der Strafrechtsentschädigung nach dem StrEG nicht diskutiert, ob eine solche deshalb auszuscheiden habe, weil die Strafverfolgungsmaßnahme in Zusammenhang mit legislativem Unrecht steht. Dementsprechend kommen Entschädigungszahlungen im Zusammenhang mit Strafverfolgungsmaßnahmen gegen Sportwettenvermittler wegen angeblichen Verstoßes gegen § 284 StGB Entschädigungszahlungen nach ständiger Rechtsprechungspraxis in Betracht[82] und wurden auch geleistet, obwohl sich die Maßnahmen durchweg als rechtmäßig herausgestellt hätten, wenn man die Verfassungs- und Unionsrechtskonformität der Sportwettenmonopole der Länder in den betreffenden Zeiträumen unterstellt haben würde.

Ansprüche aus polizeirechtlicher Unrechtshaftung wurden wegen einer Untersagung des Führens von Kraftfahrzeugen auf der Grundlage einer Fahrerlaub-

---

[76] Vgl. BGHZ 134, 30, 32.
[77] EuGH, Urt. v. 5.3.1996, NJW 1996, 1267.
[78] BGHZ 54, 76.
[79] BVerwGE 150, 234 Rn. 36.
[80] BGH, Urt. v. 19.9.2013, III ZR 406/12, Rn. 25
[81] OLG Hamm, Urt. v. 14.11.2014, I-11 U 80/13, Juris Rn. 52; KG, Beschl. v. 30.6.2015, 9 W 5/14, Juris.
[82] LG Braunschweig, Urt. v. 27.3.2009, 4 O 1600/08, n.v.; LG Memmingen, Beschl. v. 24.1.2007, 2 Qs 139/06; LG Gießen, Beschl. v. 22.12.2006, Qs 224/06

nis eines anderen EU-Mitgliedstaates zuerkannt[83]. Bei isolierter Betrachtung des nationalen Rechts war die Maßnahme rechtmäßig, da die ausländische Fahrerlaubnis nach der FeV nicht anzuerkennen war, mithin der Tatbestand des Fahrens ohne gültige Fahrerlaubnis (§§ 2 Abs. 1, 24 StVG) erfüllt war. Der Anwendungsvorrang des EU-Rechts verlangte indessen die Anerkennung der ausländischen Fahrerlaubnis und infolgedessen auch die Nichtanwendung entgegenstehenden deutschen Rechts. Da der Erlaubnisvorbehalt nach StVG im Grundsatz nicht zu beanstanden ist und die eigentlichen Verstöße gegen EU-Recht auf untergesetzlicher Ebene (Fahrerlaubnisverordnung) sowie Verwaltungspraxis stattfanden, handelt es sich richtigerweise nicht um einen Fall legislativen Unrechts.

IV.
Die BGH-Urteile vom 16.4.2015

1. Die Vorgeschichte

Nachdem über Jahrzehnte hinweg verfassungs- und europarechtswidrige Gesetze und ihr Vollzug keine größeren Schäden mehr verursacht hatten, bewirkte die sowohl verfassungs- als auch europarechtswidrige Begründung und Aufrechterhaltung staatlicher Monopole im Bereich der Sportwetten seit Ende den 1990er Jahre Millionenschäden bei interessierten Unternehmern, denen der Staat die gemäß § 284 StGB für die Veranstaltung von Sportwetten notwendigen behördlichen Erlaubnisse rechtswidrig vorenthielt.

Hintergrund ist folgender: Seit 1871 ist das Veranstalten öffentlicher Glücksspiele ohne behördliche Erlaubnis reichs- bzw. bundesrechtlich unter Strafe gestellt, derweil gesetzliche Regelungen über die Erteilung der danach für eine legale Glücksspielveranstaltung notwendigen Erlaubnisse fehlten. Die Neuerteilung von Erlaubnissen für die Veranstaltung casinotypischer Glücksspiele war bis 1933 sogar reichsrechtlich ausgeschlossen[84], des weiteren stand gewerbsmäßiges Glücksspiel generell unter Strafe (§ 285 StGB a.F.). Nach der Kompetenzordnung des Grundgesetzes ist der Bund auf der Grundlage von Art. 74 Abs. 1 Nr. 11 GG berechtigt, wirtschaftsrechtlich motivierte Erlaubnisregelungen für Glücksspiele zu treffen, derweil die Länder nach Art. 70 GG

---
[83] OLG Celle, Urt. v. 18.12.2007, 16 U 92/07, VD 2008, 79.
[84] Gesetz, betreffend die Schließung und Beschränkung der öffentlichen Spielbanken vom 1.7.1868 (BGBl. NDB S. 367), mit Auslauffrist für Altspielbanken bis 1873.

für ordnungsrechtlich motivierte Zulassungsregelungen zuständig sind. Neben der bundesrechtlichen Zulassungsmöglichkeit für Pferdesportwetten und Automatenglücksspiele und den landesrechtlichen Zulassungsmöglichkeiten für Lotterien und Casinospiele in Spielbanken gab es schon seit Ende der 1940er Jahre in einigen Bundesländern[85] die Möglichkeit, auch Wetten auf sonstige Sportereignisse zuzulassen, wovon jedoch faktisch bis Ende 1998 zugunsten der Unternehmen des Deutschen Lotto- und Toto-Blocks (DLTB) für das Fußball-Toto Gebrauch gemacht worden war. In den Jahren 1999 und 2000 wurde deutschlandweit den DLTB-Unternehmen die Veranstaltung von Sportwetten zu festen Gewinnquoten (ODDSET) erlaubt, teils auf der Grundlage der bereits existierenden Sportwettengesetze, teils auf der Grundlage neuer, ausschließlich staatliche Glücksspielveranstaltungen betreffender Gesetze, teils ohne gesetzliche Grundlage. Mit Wirkung zum 1.7.2004 verbot zudem § 5 Abs. 4 LottStV die Neuerteilung von Erlaubnissen zur Veranstaltung von Sportwetten an private Antragsteller.

Das BVerwG hatte mit Urteil vom 28.3.2001[86] entschieden, daß § 284 StGB die Veranstaltung von Sportwetten unabhängig von der Existenz eines landesrechtlichen Erlaubnisvorbehalts oder einer landesrechtlichen Zulassungsregelung unter Strafe stelle, mithin auch in Bundesländern wie Bayern, in denen beides fehle, die Veranstaltung verbiete, und auch insoweit verfassungskonform sei; auch das Fehlen einer landesrechtlichen Erlaubnismöglichkeit sei verfassungsrechtlich nicht zu beanstanden. Auf eine hiergegen erhobene Verfassungsbeschwerde hin entschied das Bundesverfassungsgericht am 28.3.2006[87], es sei „nach Maßgabe der Gründe" mit Art. 12 Abs. 1 GG unvereinbar, daß nach dem Staatslotteriegesetz vom 29.4.1999 in Bayern Sportwetten nur vom Freistaat Bayern veranstaltet und nur derartige Wetten gewerblich vermittelt werden dürfen, ohne das Monopol konsequent am Ziel der Bekämpfung der Suchtgefahren auszurichten. Der Gesetzgeber wurde zu einer Neuregelung bis zum 31.12.2007 verpflichtet. Bis dahin war das Staatslotteriegesetz „nach Maßgabe der Gründe" weiter anwendbar, damit weiterhin eine gesetzliche Grundlage eines im Sinne von § 284 StGB legalen Wettangebots seitens des Freistaats Bayern bestand. Später entschied das Bundesverfassungsgericht, daß die Auslegung des § 284 StGB als die Veranstaltung und Vermittlung von Sportwetten umfassendes Repressivverbot mit Art. 12 Abs. 1 GG nur unter der Voraussetzung vereinbar ist, daß der Staat ein Mindestmaß an Konsistenz zwischen dem Ziel der Begrenzung der Wettleidenschaft und Bekämpfung der

---

[85] Zu Rheinland-Pfalz vgl. BVerwGE 96, 293.
[86] BVerwGE 114, 92.
[87] BVerfGE 115, 276.

Wettsucht einerseits und der tatsächlichen Ausgestaltung der staatlich veranstalteten Sportwetten andererseits hergestellt hat[88]. Diese Voraussetzungen waren jedenfalls bis zum 28.3.2006 nicht gegeben[89]. Verfassungskonform interpretiert erfaßte § 284 StGB mithin in dieser Zeit die Veranstaltung und Vermittlung von Sportwetten in Deutschland nicht und war – in Ermangelung sonstiger Verbotsnormen bzw. Erlaubnisvorbehalte – in den meisten Bundesländern legal möglich. Eine Untersagung war damit schon de lege lata ausgeschlossen gewesen, ohne daß es einer verfassungsgerichtlichen Feststellung der Unvereinbarkeit landesrechtlicher Normen mit dem GG bedurft hätte; dementsprechend durften (und dürfen) die Fachgerichte außerhalb Bayerns eine entsprechende Prüfung ohne Vorlagepflicht nach Art. 100 GG vornehmen.

Eine verfassungsgerichtliche Unvereinbarerklärung wurde im Sportwettenbereich lediglich in Bezug auf das bayerische Staatslotteriegesetz ausgesprochen, womit nur ein (allerdings gewichtiger) Teil der Schädigungen von Sportwettanbietern betroffen ist. Landesrechtliche Erlaubnisverbote, die ab dem 1.7.2004 nahezu bundesweit[90] die private Veranstaltung von Sportwetten ausgeschlossen haben, vor allem § 5 Abs. 4 LottStV, wurden durch Verfassungsgerichte nur im Rahmen von obiter dicta beanstandet, jedoch nie förmlich für verfassungswidrig erklärt[91], so daß ohne vorherige Anrufung des BVerfG mit deren Verfassungswidrigkeit keine Pflicht zur Entschädigung, aber auch nicht deren Verweigerung, begründet werden darf. Dies schließt es indes nicht aus, die Anwendung von § 284 StGB auf die praktizierte Wettvermittlung als rechtsfehlerhaft und entschädigungspflichtig zu bewerten, soweit dem Mindestkonsistenzerfordernis nicht genügt und damit die Strafnorm, ausweislich ihrer vom Bundesverfassungsgericht vorgenommenen verfassungskonformen Interpretation, überhaupt nicht anwendbar ist[92]. Dies ist nämlich, wie dargestellt, davon unabhängig, ob die Verfassungswidrigkeit landesrechtlicher Sportwettenregelungen, und damit die Existenz „legislativen Unrechts" verfassungsgerichtlich festgestellt ist.

---

[88] BVerfG, Beschl. v. 22.11.2007, 1 BvR 2218/06, Rn. 35.
[89] BVerfG a.a.O. (Fn. 88).
[90] Ausgenommen Veranstaltungen auf der Grundlage von Alterlaubnissen, insbesondere nach DDR-Recht, sowie Rheinland-Pfalz (§ 16 Abs. 1 S. 2 LottStV).
[91] BVerfG, Beschl. v. 4.7.2006, 1 BvR 138/05 (BW), Beschl. v. 2.8.2006, 1 BvR 2677/04 (NRW), Beschl. v. 18.12.2006, 1 BvR 874/05 (Sachsen-Anhalt).
[92] BVerfG, Beschl. v. 22.11.2007, 1 BvR 2218/06, Rn. 35, 38.

Sowohl vor als auch nach dem Sportwettenurteil des BVerfG stand Länderregelungen, die die Erteilung von Erlaubnissen zur Veranstaltung von Sportwetten an private Antragsteller ausschlossen, in LottStV (§ 5 Abs. 4) und GlüStV (§ 10 Abs. 5 a.F., heute Abs. 6) sowie entsprechenden Regelungen in Landesgesetzen (z.b. in NRW § 1 Abs. 1 S. 2 Sportwettengesetz) die Dienstleistungsfreiheit nach Art. 49 EGV (Art. 56 AEUV) entgegen[93], der – unabhängig von der verfassungsgerichtlichen Übergangsordnung – Anwendungsvorrang vor entgegenstehendem nationalen Recht zukam[94]. Dies ist auf insgesamt mindestens drei Umstände zurückzuführen: Erstens hätten die Staatsmonopole, um den Eingriff in die Dienstleistungsfreiheit zu rechtfertigen, wirklich dem Ziel dienen müssen, die Gelegenheiten zum Spiel zu vermindern, was indessen nicht der Fall war, und die Finanzierung sozialer Aktivitäten hätte nur eine nützliche Nebenfolge, nicht aber der eigentliche Grund der betriebenen restriktiven Politik sein dürfen (sog. Zenatti-Kriterium[95]). Zweitens hätten die staatlichen Monopolanbieter, wenn ihre Monopolstellung europarechtlich gerechtfertigt hätte sein sollen, nicht die Verbraucher dazu anreizen und ermuntern dürfen, an Lotterien, Glücksspielen oder Wetten teilzunehmen, damit der Staatskasse daraus Einnahmen zufließen[96], was jedoch in der Praxis immer der Fall war. Drittens stand der europarechtlichen Rechtfertigung der Monopole seit 2006 auch der Umstand entgegen, daß der Staat im Bereich des gewerblichen Automatenspiels seit dieser Zeit eine Politik der Angebotsausweitung verfolgt hatte, die eher darauf abzielte, zur Teilnahme an diesen anderen Spielen zu ermuntern, als darauf, die Spielgelegenheiten zu verringern[97].

Personen, die an der Veranstaltung und Vermittlung von Sportwetten interessiert waren oder diese praktizierten, entstanden seit Ende der 1990er Jahre Schäden infolge der Vorenthaltung beantragter Erlaubnisse, hauptsächlich aber durch die polizeiliche oder ordnungsbehördliche Schließung ihrer Wettbüros. Nachdem entsprechende Maßnahmen zunächst infolge der zunehmenden Zweifel an der Verfassungs- und Europarechtskonformität des staatlichen Wettmonopols immer seltener geworden waren, nahmen die Behörden in fast allen Bundesländern das Sportwettenurteil des BVerfG vom 28.3.2006 zum Anlaß für ein massives Vorgehen, das insbesondere in Bayern und NRW zur Schließung Hunderter Wettbüros und erheblichen Schäden bei den Betroffenen

---

[93] EuGH, Urt. v. 8.9.2010, Rs. C-316/07 Stoß; C-46/08 Carmen Media.
[94] EuGH, Urt. v. 8.9.2010, Rs. C-409/06 Winner Wetten.
[95] EuGH, Urt. v. 21.10.1999, Rs. C-67/98 Zenatti, Rn. 35; ebenso Urt. v. 6.11.2003, Rs. C-243/01 Gambelli, Rn. 62; vgl. BVerfGE 115, 276, 317.
[96] EuGH, Urteil Gambelli (Fn. 95), Rn. 69.
[97] EuGH, Urteil Carmen Media (Fn. 93), Rn. 67 f.

geführt hat. Die Gerichte hielten – bei Ausklammerung des EG-Rechts - § 284 StGB in der Regel für anwendbar, da sie davon ausgingen, die DLTB-Unternehmen hätten schon kurz nach dem BVerfG-Urteil das von ihnen erwartete „Mindestmaß an Konsistenz" erreicht. Ob die Dienstleistungsfreiheit im relevanten Zeitraum nicht nur den Erlaubnisverboten, sondern auch der Anwendung strafbewehrter Verbote (§ 284 StGB) und später der Anwendung gesetzlicher Erlaubnisvorbehalten (§ 4 Abs. 1 GlüStV) und strafbewehrten Verboten (§ 284 StGB) entgegengestanden hat, ist bis heute nicht abschließend geklärt[98]. Für die deutschen Gerichte war dies jedoch in aller Regel nicht entscheidungserheblich: In den Eilverfahren sind sie nämlich meist irrigerweise von einer gemeinschaftsrechtskonformen oder aber zumindest trotz Verstoßes gegen Art. 49 EGV weiter anwendbaren Monopolen ausgegangen. In den Hauptsacheverfahren stellten die Gerichte hingegen fest, daß ordnungsbehördlicher Anordnungen, mit denen die unerlaubte Vermittlung von Sportwetten untersagt worden ist, typsicherweise bereits deshalb rechtswidrig (gewesen) sind, weil die zuständigen Behörden ihrer Ermessensausübung explizit die fehlerhafte Annahme zugrundegelegt haben, die privaten Antragsteller betreffenden Erlaubnisverbote (bzw. das im Zusammenwirken dieser mit dem allgemeinen Erlaubnisvorbehalt statuierte Monopol) seien mit höherrangigem Recht vereinbar, und dadurch die Behörden das ihnen eingeräumte Ermessen entgegen § 40 VwVfG fehlerhaft ausgeübt haben[99].

2. Staatshaftungsprozesse wegen Wettbüroschließungen

Die staatshaftungsrechtliche Bewältigung der ordnungsbehördlichen Wettbüroschließungen der Jahre 2006/07 führte dazu, daß die Frage der Anwendbarkeit der polizeirechtlichen Unrechtshaftung bei legislativem Unrecht in der Rechtsprechung größere Beachtung bekam, wobei die geltend gemachte Staatshaftung in der Regel nicht an die Vorenthaltung von Erlaubnissen, sondern an die Untersagung der ohne Erlaubnis durchgeführten Vermittlung anknüpfen sollte. Hierbei kam es in aller Regel auf die polizeirechtliche Unrechtshaftung an, da die Gerichte sowohl europarechtliche Staatshaftungsansprüche als auch Ansprüche aus § 839 BGB nahezu durchweg verneinten.

---

[98] So Generalanwalt Szpunar in seinen Schlußanträgen v. 22.10.2015 in der Rs. C-336/14 Ince; VG Hamburg, Urt. v. 5.11.2010, 4 K 5873/04, Juris; VG Freiburg, Urt. v. 16.4.2008, 1 K 2066/06; a.A. BVerwG, Urt. v. 16.5.2013, 8 C 16.12, Rn. 53, offen BVerwG, Urt. v. 11.7.2011, 8 C 11.10 (zu VG Freiburg).
[99] BVerwG, Urt. v. 20.6.2013, 8 C 17.12, Rn. 36 f.

Da nach der Gesetzeslage die polizeirechtliche Unrechtshaftung nicht vom Grund der Rechtswidrigkeit abhängt, hatten die von geschädigten Sportwettvermittlern angerufenen erstinstanzlichen Gerichte die Problematik überwiegend nicht thematisiert[100]. Erst das LG Köln hatte, ausgehend von der (in der Verwaltungsgerichtsbarkeit durchweg abgelehnten[101]) Hypothese, die Behörde sei letztlich wegen der angeblichen Strafbarkeit zu einem Einschreiten verpflichtet gewesen, angenommen, § 39 Abs. 1 lit. b) OBG NRW sei nicht anwendbar, weil ein Fall legislativen Unrechts vorliege. Anspruchsgegner sei im übrigen der Bund (offenbar im Hinblick auf § 284 StGB) [102]. Das OLG Köln bestätigte dieses Urteil, sah indes das legislative Unrecht nicht in § 284 StGB, sondern im Sportwettengesetz NRW, ohne die Vorschrift zu konkretisieren oder näher zu begründen, inwiefern bei einer auf § 14 OBG i.V.m. § 284 StGB gestützten Untersagung von einem „Vollzug" dieser Vorschrift im Sportwettengesetz die Rede sein könne[103]. Das OLG Bremen[104] versagte eine auf § 56 brem. PolG gestützte Entschädigung, allerdings nur hilfsweise, aufgrund der Erwägung, die Ermächtigungsgrundlage in § 12 Abs. 1 S. 2 Nr. 1 LottStV sei legislatives Unrecht[105] (was so allerdings nicht der verwaltungsgerichtlichen Rechtsprechung entspricht).

Das LG Kleve entschied demgegenüber, die Grundsätze des BGH-Urteils vom 12.3.1987 seien nicht auf § 39 Abs. 1 lit. b) OBG NRW übertragbar, da nicht

---

[100] Ansprüche verneint wurden von LG Mönchengladbach, Urt. v. 4.12.2007. 3 O 211/07 (Maßnahme rechtmäßig), LG Hannover, Urt. v. 25.11.2010 4 O 57/10 (entgangener Gewinn nicht erfasst); LG Essen, Urt. v. 27.1.2011, 4 O 457/09 (rechtmäßiges Alternativverhalten); LG Bochum, Urt. v. 9.9.2011, 5 O 5/11 (fehlende Kausalität), LG Bonn, Urt. v. 4.4.2012, 1 O 509/10, n.v. (fehlende Passivlegitimation).
[101] BVerwGE 147, 47, 76 f.
[102] LG Köln, Urt. v. 27.9.2011, 5 O 385/10, Juris.
[103] OLG Köln, ZfWG 2012, 287; zustimmend LG Düsseldorf, Urt. v. 2.5.2013, 2b O 192/11, Juris.
[104] Urt. v. 13.2.2013, 1 U 6/08, Juris.
[105] Ebenso auch, ebenfalls ohne nähere Begründung, OLG Zweibrücken, Beschl. v. 6.3.2013, 6 W 21/12 (auch § 284 StGB wird als legislatives Unrecht behandelt). Eine polizeirechtliche Unrechtshaftung für den „Vollzug" legislativen Unrechts haben vordergründig auch das OLG Hamburg (Urt. v. 30.11.2012, 1 U 74/11, Juris) und das KG (Urt. v. 19.11.2013, 9 U 114/12, Juris) abgelehnt, wobei es in ersterem Fall um eine Haftung der Freien und Hansestadt Hamburg für Anordnungen nordrheinwestfälischer Behörden ging, die nur über die legislative Zustimmung zum GlüStV konstruiert werden kann, nicht aber über Handlungen der hamburgischen Exekutive. In der Entscheidung des KG ging es ebenfalls nicht um konkrete Vollzugsmaßnahmen.

ein richterrechtlich geprägtes Haftungsinstitut, sondern eine entsprechende Norm in einem formellen Gesetz in Rede stehe, in welchem der Wille des Gesetzgebers, eine Haftung für jedwede rechtswidrige Maßnahme einer Ordnungsbehörde zu schaffen, deutlich zum Ausdruck komme. Von der dabei bestehenden Möglichkeit, diese Haftung einzuschränken, etwa auf die Fälle rein fehlerhafter Gesetzesanwendung oder schuldhaften Verhaltens, habe der Gesetzgeber keinen Gebrauch gemacht, sondern durch die Formulierung der Norm deren umfassenden Anwendungsbereich betont[106].

Das OLG Koblenz sprach einem Sportwettvermittler, der von einer rechtswidrigen Untersagung betroffen war, Entschädigung zu mit der Begründung, der Behörde sei ein Ermessen eingeräumt gewesen und eine Untersagung sei nicht unbedingt aufgrund der gesetzlichen Vorschriften geboten gewesen. Maßgeblich sei nicht die Gesetzesanwendung, sondern ein unzureichend ausgeübtes Ermessen, weil die Behörde nicht in die Ermessenserwägungen mit einbezogen habe, daß aufgrund der strukturellen Umsetzungsdefizite durch zielwidrige Werbeaktivitäten der staatlichen Lottogesellschaft ein Berufen auf die Monopolstellung derselben nicht mehr zulässig sei[107].

3. Die Urteile des BGH vom 16.4.2015

Gegenstand der Urteile des BGH vom 16.4.2015 sind Revisionen gegen zwei Urteile des OLG Hamm zu Klagen von Wettbürobetreibern wegen ordnungsbehördlicher Untersagungen der Jahre 2006/07, von denen eines die Versagung von Ansprüchen nach § 39 Abs. 1 lit. b) OBG auf den Gesichtspunkt legislativen Unrechts gestützt hatte[108]. Auch der BGH hält diese Anspruchsgrundlage für unanwendbar auf den im Erlaß der streitigen Untersagungsverfügung liegenden „Verstoß gegen das Grundgesetz und das Unionsrecht"[109]. Entscheidend hierfür sei, daß „die Verwaltungsmaßnahmen im Einklang mit den (nationalen) Gesetzen gestanden" hätten. Die objektive Rechtswidrigkeit der in Rede stehenden Maßnahmen habe vielmehr ausschließlich darauf beruht, daß das (nationale) Recht, das die Verwaltung für sich genommen zutreffend angewandt habe, dem Verfassungs- und dem Unionsrecht widersprochen habe. Die Ursache für die Rechtswidrigkeit der Verwaltungsmaßnahme liege

---

[106] LG Kleve, Urt. v. 23.7.2014, 1 O 444/10, Juris.
[107] OLG Koblenz, Urt. v. 22.8.2013, 1 U 551/12, Juris.
[108] OLG Hamm, Urt. v. 3.5.2013. I-11 U 88/11, Juris.
[109] BGH (Fn.10), Rn. 26.

ihrem Schwerpunkt nach in der Sphäre der Legislative, wenn die Verwaltung ein nationales Gesetz vollziehe, das - für sie nicht ohne weiteres erkennbar - mit dem Unionsrecht unvereinbar ist[110]. Weil § 39 Abs. 1 Buchst. b OBG NW eine spezialgesetzliche Konkretisierung der Haftung aus enteignungsgleichem Eingriff sei, hätte er diese Fallgestaltung nur erfassen können, wenn der Gesetzgeber eine entsprechende Haftungsausweitung beabsichtigt hätte.

Es verwundert kaum, daß der BGH eine dahingehende Absicht nicht feststellen konnte, da die spätere haftungsrechtliche Sonderrolle der sogenannten „Beruhensfälle" bei Erlaß des OBG 1956 noch nicht vorhersehbar war und von daher für den damaligen Gesetzgeber keine Veranlassung bestand, die vom Wortlaut her eindeutige Haftung in besagter Fallgestaltung durch eine gesonderte Regelung oder auch nur dahingehende Ausführungen in den Gesetzesmaterialien klarzustellen[111]. Auch mutet die Vorstellung eigenartig an, der Gesetzgeber habe mit dem angeblichen, indes weder vom Wortlaut her noch aus den Gesetzesmaterialien heraus nachvollziehbaren Ausschluß sogenannter „Beruhensfälle" vom Anwendungsbereich des § 39 Abs. 1 Buchst. b OBG NW (legislatives Unrecht i.e.S. ist von vornherein nicht erfaßt, da das OBG allein ordnungsbehördliches Handeln regelt) irgendwelche Zwecke verfolgt. Dies würde nämlich eine bewußte gesetzgeberische Entscheidung gegen eine Haftung in „Beruhensfällen" voraussetzen. Eine solche kann dem Gesetzgeber von 1956 schon deshalb nicht unterstellt werden kann, weil die entsprechende Problematik beim enteignungsgleichen Eingriff damals nicht einmal bekannt, geschweige denn höchstrichterlich geklärt war[112]. Wie oben festgestellt, ist schließlich auch die vom BGH aufgestellte These, eine Haftung der Ordnungsbehörden für den Vollzug eines gegen Unionsrecht verstoßenden Gesetzes sei mit weit reichenden finanziellen Folgen für die öffentlichen Haushalte verbunden, empirisch nicht belegbar. Der BGH verkennt, daß finanzielle Folgen für die öffentlichen Haushalte durch die Ausweitung der Haftung nach § 39 Abs. 1 lit. b) OBG über den anerkannten Anwendungsbereich des enteignungsgleichen Eingriffs hinaus nicht etwa der Ausweitung auf den Vollzug legislativen Unrechts zu verdanken sind, sondern der Ausweitung auf Eingriffe in die Berufsfreiheit[113].

---

[110] BGH (Fn. 10), Rn. 38.
[111] So zutreffend Hartmann/Jansen, DVBl. 2015, 861, 864.
[112] Vgl. Hartmann/Jansen DVBl. 2015, 861, 864.
[113] Vgl. Fn. 39.

4. Haftungsausschluß für Vollzug legislativen Unrechts als isoliertes Phänomen im Glücksspielrecht

Der Verweis des BGH auf die weit reichenden finanziellen Folgen für die öffentlichen Haushalte gibt Anlaß zu einer näheren Betrachtung in rechtstatsächlicher Hinsicht, wieso anscheinend gerade im Glücksspielbereich größere Schäden entstehen können, deren Ersatzfähigkeit mit der Anerkennung des Einwands legislativen Unrechts steht und fällt, während ansonsten vergleichbare Fallgestaltungen dieser Größenordnung seit Jahrzehnten nicht mehr auftreten. Der erste Grund liegt darin, daß nach den BVerfG-Grundsatzurteilen der 50er und 60er Jahre der Gesetzgeber weitgehend von objektiven Berufszulassungsschranken Abstand genommen hat, so daß das frühere Wettmonopol, ebenso wie die heutigen Kontingentierungen im Wettbereich sowie De-facto-Kontingentierungen im Spielhallenbereich, singuläre Phänomene sind, die letztlich auch eine gewisse Risikobereitschaft des Staates, möglicherweise rechtswidrig zu handeln, verraten. Des weiteren konnten die Schäden nur deshalb entstehen, weil den Betroffenen vorläufiger Rechtsschutz sowohl verwaltungs- als auch verfassungsgerichtlich verwehrt wurde, da die Gerichte lange Zeit das Monopol (zu Unrecht) für europarechtskonform[114] oder aber zumindest vorübergehend hinnehmbar gehalten haben[115]. Genau dies wiederum wird nun auf der Sekundärebene zum eigentlichen Grund dafür, wieso der verschuldensunabhängigen Unrechtshaftung eine streitentscheidende Bedeutung zukommt: daß nämlich die Gerichte im Hinblick auf die Eilrechtsprechung, die das behördliche Vorgehen über Jahre billigte, ein Verschulden auf Seiten der Behörden nicht erkennen können[116].

Wird einer verwaltungsgerichtlichen Eilrechtsprechung, die rechtswidriges behördliches Handeln systematisch unbeanstandet läßt, bis dann Jahre später höchstrichterlich die Unrichtigkeit der zugrundeliegenden Rechtsansichten bestätigt wird, eine exkulpierende Wirkung beigelegt, und wird gleichzeitig, etwa wegen des Zusammenhangs zu legislativem Unrecht, eine verschuldensunabhängige Haftung für den Vollzug verwehrt, so wird der Erlaß mit hö-

---

[114] BayVGH GewArch 2006, 419; OVG RP, Beschl. v. 28.9.2006, 6 B 10895/06, Juris; OVG Berlin-Brandenburg, Beschl. v. 25.10.2006, 1 S 90.06; Nds. OVG, Beschl. v. 19.12.2006, 11 ME 253/06; OVG Bremen, NordÖR 2006, 398; OVG Hamburg, Beschl. v. 9.3.2007, 1 Bs 378/06.
115 OVG NRW, Beschl. v. 28.6.2006, 4 B 961/06; Hess. VGH, Beschl. v. 25.7.2006, 11 TG 1465/06; VGH BW, Beschl. v. 28.3.2007, 6 S 1972/06; Sächs. OVG ZfWG 2007, 442; ThürOVG, Beschl. v. 12.12.2006, 3 EO 663/06.
[116] BGH NJW 2013, 168, Rn. 32.

herrangigem Recht unvereinbarer Gesetze für Legislative und Exekutive haftungsrechtlich risikolos. Dies bringt gerade dann erhebliche Anreize zu rechtswidrigen Maßnahmen mit sich, wenn die Verantwortlichen davon ausgehen, beim Verzicht auf die rechtswidrigen Maßnahmen erhebliche finanzielle Nachteile hinnehmen zu müssen[117], so daß sich die Inkaufnahme des Risikos, legislatives Unrecht zu setzen und durchzusetzen, unter ökonomischen Gesichtspunkten als geradezu vorteilhaft herausstellt.

Besondere Erwähnung verdient in diesem Zusammenhang der Umstand, daß mit dem Wettmonopol laut Bundesverwaltungsgericht unionsrechtlich illegitime Zielsetzungen verfolgt wurden[118], die sich schwerlich auf die Ebene des Unbewußten oder Unterbewußten beschränkt haben konnten, und die bis heute, gegenüber den Gerichten geleugnet werden. Dies läßt eigentlich keinen Spielraum mehr dafür, der Bestätigung des eigenen Rechtsstandpunktes durch gutgläubige Verwaltungsgerichte noch eine exkulpierende Wirkung beizumessen. Hätte der Gesetzgeber die Haftungsthematik im Glücksspielbereich gezielt zum Anlaß genommen, eine ansonsten bestehende verschuldensunabhängige Haftung einzuschränken, so wäre allein dies bereits zurecht als hinreichender Beleg für ein „schlechtes Gewissen" der Entscheidungsträger gewertet worden. Auch wenn es an einem solchen gezielten gesetzgeberischen Eingriffs fehlt, so bewirkt die Ausgestaltung der Rechtslage, wie sie sich nach den Urteilen des BGH vom 16.4.2015 darstellt, doch im Ergebnis dasselbe.

V.
Legislatives Unrecht infolge exekutivischen Fehlverhaltens

Der Begriff des „legislatives Unrechts" wird in dieser Arbeit in einem formalen Sinne verstanden[119], ohne Rücksichtnahme darauf, wen die primäre Verantwortung für die Kollision eines Gesetzes mit höherrangigem Recht trifft. Diese formale Betrachtungsweise muß man indessen nicht zwangsläufig auch dann zugrundelegen, wenn es um die Frage geht, ob und gegebenfalls durch wen individuelle Nachteile auszugleichen sind, die infolge der Existenz oder Anwendung eines solchen – formal betrachtet – „legislativen Unrechts" entstehen könnten. Wie bereits oben festgehalten, ist es durchaus möglich, daß exekutivisches Verhalten, namentlich gesetzwidriges exekutivisches Verhal-

---

[117] Bay. LT-Drs. 14/8486, S. 12.
[118] BVerwG, Urt. v. 20.6.2013, 8 C 17.12, Rn. 61.
[119] Siehe oben S. 13 f.

ten, Gesetze delegitimieren kann, mit der Folge, daß diese bzw. deren Anwendung in Konflikt mit höherrangigem Recht geraten.

Es erscheint sachgerecht, die haftungsrechtliche Sonderbehandlung „legislativen" Unrechts entsprechend der (für nichtig erklärten) Regelung in § 5 Abs. 1 StHG 1981 an ein „rechtswidriges Verhalten des Gesetzgebers" zu knüpfen – ein Verhalten, für das Bund oder Land, eine Anspruchsgrundlage vorausgesetzt, haften müßten, und eine haftungsrechtliche Nichterfassung dann auch dem Normanwender zugutekommen könnte. Fehlt es indes bereits an einem rechtswidrigen Verhalten des Gesetzgebers, beruht mithin also dessen haftungsrechtliche Nichterfassung nicht auf einer haftungsrechtlichen Privilegierung als vielmehr auf der Rechtmäßigkeit seines Verhaltens, so erscheint es nicht logisch, der rechtswidrig handelnden Exekutive eine Haftungsbefreiung zugutekommen zu lassen, deren die rechtmäßig handelnde Legislative gar nicht bedarf.

Soweit rechtswidriges Verhalten der Exekutive zur Delegitimation eines an sich mit höherrangigem Recht vereinbaren Gesetzes führt, so kann dem Gesetzgeber der Erlaß des Gesetzes nicht als rechtswidriges Verhalten zur Last gelegt werden. Ebensowenig kann die Verwaltung dadurch, daß sie geltendes Recht nicht oder nicht richtig anwendet, den Gesetzgeber dazu zwingen, eine als solche nicht zu beanstandende Regelung allein im Hinblick auf die exekutivischen Vollzugsdefizite zu ändern.

In den vom BGH am 16.4.2015 entschiedenen Fällen war problematisch, daß für die betroffenen Zeiträume nach dem 31.12.2007 alles andere als offensichtlich war und ist, inwieweit der Glücksspielstaatsvertrag überhaupt verfassungs- und unionsrechtswidrige Normen enthält. Eine verfassungsgerichtliche Feststellung von Verfassungsverstößen steht bis heute aus[120]. Doch auch in unionsrechtlicher Hinsicht konnte bislang höchstrichterlich lediglich festgestellt werden, daß eine bestimmte, indessen bereits am Maßstab des GlüStV betrachtet rechtswidrige, Werbepraxis staatlicher Monopolunternehmen es den nationalen Behörden verwehrte, sich zur Rechtfertigung des Wettmonopols auf zwingende Gründe des Allgemeinwohls zu berufen[121]. Dies behandelt der BGH nur am Rande: Nach dem Maßstab des Verfassungsrechts (!) sei „aus dem auf einer den Kohärenzanforderungen widersprechenden Werbung beruhenden strukturellen Vollzugsdefizit" auf die Unverhältnismäßigkeit der Mo-

---

[120] Vgl. BVerfG, Beschl. v. 3.9.2013, 1 BvL 7/12, u. v. 9.9.2014, 1 BvR 2/14, NVwZ-RR 2015, 1.
[121] BVerwGE 147, 47, Rn. 43 ff.

nopolregelung und damit auf einen normativen Mangel zu schließen[122]. Diese explizit nur das Verfassungsrecht betreffende Aussage läßt sich indes auf Unionsrecht schon deshalb nicht übertragen, weil die Feststellung der Unionsrechtswidrigkeit der Existenz und Anwendung bestimmter Rechtsvorschriften, anders als die Feststellung der Unvereinbarkeit mit dem GG oder einer Landesverfassung, einen normativen Mangel derselben (oder einer anderen) Rechtsvorschrift gar nicht voraussetzt. Die Unionsrechtswidrigkeit eines Gesetzes kann auch erst durch die konkreten Anwendungsmodalitäten[123] und Rahmenbedingungen ausgelöst werden. Nach der Rechtsprechung des Europäischen Gerichtshofes können sich die Behörden dieses Staates nicht im Hinblick auf die Notwendigkeit, die Gelegenheiten zum Spiel zu vermindern, auf die öffentliche Sozialordnung berufen, um den Ausschluß Privater von Erlaubnissen, aber auch die Untersagung und Bestrafung unerlaubter Wettaktivitäten, zu rechtfertigen, wenn der betreffende Staat die Verbraucher dazu anreizt und ermuntert, an Lotterien, Glücksspielen oder Wetten teilzunehmen, damit der Staatskasse daraus Einnahmen zufließen[124]: allein die Werbepraxis führt bereits zur Delegitimation des Monopols. Steht diese Werbepraxis obendrein sogar im Widerspruch zu den eigenen Gesetzen, wovon etwa das Bundesverwaltungsgericht ausgeht[125], so ist die Vorstellung, der Unrechtsschwerpunkt liege bei der Legislative, die weder die rechtswidrige Werbepraxis effektiv unterbinde noch das Monopol aufgebe, geradezu abenteuerlich. Denn bei Defiziten rein faktischer, nicht aber normativer Natur war die Bundesrepublik Deutschland unionsrechtlich nicht verpflichtet, zur Herstellung unionsrechtskonformer Zustände Rechtsänderungen vorzunehmen, vielmehr hätten faktische Änderungen ausgereicht (anders als bis 2007, als auch normative Defizite bestanden).

Letztlich gibt es auch keinen nachvollziehbaren Grund für eine Haftungsexemtion der Verwaltung, wenn der Gesetzgeber die Vorgaben höherrangigen Rechts beachtet hat und lediglich nachfolgende Rechtsverletzungen der Exekutive bewirken, daß sich die Verwaltung unionsrechtlich nicht mehr auf die geschriebene Rechtsordnung berufen kann. Allein die Exekutive, nicht aber die Legislative hat sich rechtswidrig verhalten, und die Exekutive wäre in der Lage gewesen, durch eigenes rechtmäßiges Verhalten einen rechtmäßigen Normvollzug zu gewährleisten. Die Auswirkungen für die Staatsfinanzen sind

---

[122] BGH (Fn. 27), Rn. 28.
[123] EuGH, Urt. v. 15.9.2011, C-347/09 Dickinger, Rn. 56.
[124] EuGH, Urteil Gambelli (Fn. 95), Rn. 69.
[125] BVerwGE 147, 47 Rn. 35, zuvor OVG NRW, Urt. v. 29.9.2011, 4 A 17/08, Juris Rn. 48, 57.

hier von keiner grundlegend anderen Art als bei sonstigen Fallgestaltungen exekutivischen Unrechts.

Bedeutung hat dies etwa auch für Konstellationen, in denen bestimmte wirtschaftliche Betätigungen einem Erlaubnisvorbehalt unterworfen werden, indes aufgrund fehlerhafter Anwendung des nationalen Rechts sich Erlaubnisse nicht in angemessener Zeit erlangen lassen[126]. Wiewohl in einer solchen Situation die Durchsetzung der Erlaubnisvorbehalte mit den unionsrechtlichen Grundfreiheiten unvereinbar sein kann, liegt der Unrechtsschwerpunkt auch hier eindeutig bei der Exekutive, die die als solche nicht beanstandbaren Regelungen betreffend die Erlaubnisvergabe nicht oder fehlerhaft anwendet.

Der BGH geht zwar davon aus, daß auch der GlüStV „nicht die Einhaltung der unionsrechtlichen Vorgaben gewährleistete und das in dem Staatsvertrag geregelte Monopol für Sportwetten mit der durch Art. 56 AEUV garantierten Dienstleistungsfreiheit nicht in Einklang stand"[127]. Eine nachvollziehbare Begründung hierfür gibt er indes nicht, und auch aus der sonstigen Rechtsprechung zur Thematik läßt sich gesetzgeberisches Fehlverhalten im Zusammenhang mit dem GlüStV a.F. nicht ableiten. Hinsichtlich des in NRW ab 1.12.2012 geltenden GlüStV, der nur in der Parallelsache III ZR 333/13 relevant war, wird nicht einmal behauptet, auch dieser stelle legislatives Unrecht dar, so daß die Vorenthaltung von Ansprüchen auf der Grundlage des § 39 Abs. 1 lit. b) OBG NRW für den Zeitraum zwischen dessen Inkrafttreten und der Aufhebung der jeweiligen Verfügungen[128] praktisch nicht mehr nachvollziehbar begründet wird.

VI.
Exekutivisches Unrecht, das auf legislativem Unrecht beruht

Vielfach werden individuelle Schäden nicht bereits durch die Existenz legislativen Unrechts, sondern erst durch dessen Anwendung bewirkt. Bei unmittelbarer Anwendung der Norm, wie etwa der Versagung eines begünstigenden Verwaltungsaktes, weil eine (allerdings mit höherrangigem Recht unvereinba-

---

[126] Hierzu VGH BW, Urt. v. 8.9.2015, 5 S 1426/14, Juris.
[127] BGH (Fn. 10), Rn. 23.
[128] Dieser wird im eigentlichen Urteil nicht erwähnt (siehe aber BGH, Beschl. v. 23.7.2015, III ZR 333/13, Rn. 10).

re) gesetzliche Erlaubnisvoraussetzung nicht vorliegt, sowie bei Anwendung einer mit höherrangigem Recht unvereinbaren Ermächtigungsgrundlage ist klar, daß das exekutivische Unrecht auf legislativem Unrecht „beruht". Bei der Durchsetzung mit höherrangigem Recht unvereinbarer Verbote oder Gebote liegen die Verhältnisse indes nicht so klar.

Nach den Urteilen vom 16.4.2015 ist ein „Beruhensfall", der dem legislativen Unrecht zuzurechnen sein soll, dadurch gekennzeichnet, daß die Rechtswidrigkeit des Verwaltungshandelns ausschließlich darauf beruht, daß das (nationale) Recht, das die Verwaltung für sich genommen zutreffend angewandt hat, dem Verfassungs- und dem Unionsrecht widersprochen habe[129]. Damit sind sämtliche Fallkonstellationen auszuklammern, in denen zusätzlich weitere Rechtswidrigkeitsgründe vorliegen, insbesondere die Anwendung des nationalen einfachen Rechts fehlerhaft ist. Wird beispielsweise eine Erlaubnis verweigert und dies sowohl mit einem verfassungs- oder unionsrechtswidrigen Erlaubnishindernis als auch mit einem weiteren, bereits einfachrechtlich zu beanstandenden Grund (z.B. fehlende Zuverlässigkeit) begründet, so beruht die Rechtswidrigkeit des Versagungsbescheids nicht auf legislativem Unrecht, weil das nationale Recht nicht für sich genommen zutreffend angewandt worden ist.

Demgegenüber scheint es für den BGH irrelevant zu sein, ob die zuständige Behörde verpflichtet war, die verfassungs- oder unionsrechtswidrige Norm zum Nachteil des Betroffenen anzuwenden bzw. durchzusetzen, oder aber ob sie die Schädigungen hätte vermeiden können, etwa indem sie ein ihr eingeräumtes Ermessen dahingehend ausübt, auf die verfassungs- bzw. unionsrechtswidrige Maßnahmen zu verzichten[130], oder zumindest unterläßt, die sofortige Vollziehung anzuordnen – was in den beiden entschiedenen Fällen ohne weiteres möglich gewesen wäre. Kann jedoch ein schadenstiftender Vollzug, der Entschädigungsforderungen Betroffener nach sich zieht, bereits auf dem Boden der nationalen Rechtsordnung vermieden werden, so haben auch die – ohnehin in ihrer Tragweite völlig überschätzten - möglichen Folgen für die öffentlichen Haushalte nicht mehr dasselbe Gewicht, weil letztlich die Verwaltung steuern kann, welche Risiken sie eingehen will.

Bei behördlichen Anordnungen zur Unterbindung von Verstößen gegen verfassungs- oder unionsrechtswidrige Verbotsvorschriften oder Erlaubnisvorbe-

---

[129] BGH (Fn. 10), Rn. 29.
[130] Ebenso OLG Hamburg, Urt. v. 30.4.1999, 1 U 191/96, Juris Rn. 41; a,A, Hartmann/Jansen, DVBl. 2015, 861, 865 f.

halte, wie sie in NRW auf der Grundlage der ordnungsrechtlichen Generalklausel (§ 14 OBG) ausgesprochen werden können, wird mit der Generalklausel eine rechtlich unbedenkliche Norm angewandt, derweil die verfassungs- oder unionsrechtswidrige Norm nur als (vermeintlicher) Teil der objektiven Rechtsordnung als Schutzgut der öffentlichen Sicherheit in Bezug genommen wird. Jedenfalls bei unionsrechtswidrigen Normen wird § 14 OBG NRW fehlerhaft angewandt, da es objektiv an einer Gefahr für die öffentliche Sicherheit fehlt, wenn die Rechtsnorm, die angeblich verletzt sein soll, aus unionsrechtlichen Gründen heraus unanwendbar ist. Die Behörde war objektiv nicht nur berechtigt, sondern sogar verpflichtet, die unionsrechtswidrige Norm nicht als Teil des Schutzgutes öffentliche Sicherheit zu betrachten. Sie durfte auch bei einer ex ante bestehenden objektiven Ungewißheit über die Frage der Unionsrechtswidrigkeit bestehende Zweifel in dieser Richtung in ihre Ermessenserwägungen mit einfließen lassen und aufgrund dessen ihr Entschließungsermessen im Sinne eines Zuwartens bis zur höchstrichterlichen Klärung, oder Verzicht auf die Anordnung der sofortigen Vollziehung, ausüben, so wie dies in derartigen und vergleichbaren Konstellationen häufig der Verwaltungspraxis entspricht. Von daher kann die Anwendung der ordnungsrechtlichen Generalklausel richtiger Auffassung nach nie legislatives Unrecht sein.

Daß der BGH der Verwaltung den Einwand legislativen Unrechts auch bei Anwendung der ordnungsbehördlichen Generalklausel, die der zuständigen Behörde ein Entschließungs- und Auswahlermessen einräumt, zugestehen will, erklärt jedoch immer noch nicht, wieso er auch in den beiden zur Entscheidung anstehenden Fällen offenkundig Beruhensfälle gesehen hat, obwohl weder die Ermächtigungsgrundlage beanstandet wird noch konstatiert wird, die Behörden hätten mit ihren Verfügungen unionsrechtswidrige Verbotsnormen bzw. Erlaubnisvorbehalte durchgesetzt. Denn es ist bis heute ungeklärt, ob der Erlaubnisvorbehalt für die Veranstaltung von Sportwetten tatsächlich gegen EU-Recht verstoßen hat bzw. verstößt, und auch der BGH sieht als legislatives Unrecht nicht den Erlaubnisvorbehalt, sondern das Monopol an[131], also die Erlaubnisverbote in § 1 Abs. 1 S. 2 SportwettG, § 5 Abs. 4 LottStV und § 10 Abs. 5 GlüStV a.F. Für die Anwendung besagter Normen zuständig waren die jeweiligen Erlaubnisbehörden im Rahmen anhängiger Erlaubnisverfahren, nicht hingegen die örtlichen Ordnungsbehörden im Zusammenhang mit der Untersagung ohne Erlaubnis ausgeübter Sportwettvermittlung. Zudem stand überhaupt kein Erlaubnisverfahren in Rede. Wenn der BGH behauptet, die Rechtswidrigkeit der Verfügung begründe sich ausschließlich darauf, daß

---

[131] BGH (Fn. 10), Rn. 18, 24.

nationales Recht, das die Verwaltung für sich genommen zutreffend angewandt habe, dem Verfassungs- und dem Unionsrecht widersprochen habe, so bleibt offen, was genau die „Anwendung" der Erlaubnisverbote durch die örtliche Ordnungsbehörde gewesen sein soll, und wie man sich überhaupt eine „zutreffende Anwendung" von Rechtsvorschriften durch dafür nicht zuständige Behörden vorstellen soll.

Ein einigermaßen sinnvolles Verständnis der Urteile ist nur möglich, wenn man konstatiert, daß für den BGH offensichtlich eine Rechtswidrigkeit der jeweiligen Untersagungsverfügungen, die ja unerlaubtes Spiel untersagten, überhaupt nur unter dem Gesichtspunkt eines objektiven Verstoßes gegen das Grundgesetz und/oder Unionsrecht durch „Anwendung" besagter Erlaubnisverbote vorstellbar schien, während für ihn ansonsten keinerlei Zweifel an der Rechtmäßigkeit der Maßnahmen bestanden haben, zumal weder die Vorinstanzen noch verwaltungsgerichtliche Entscheidungen zu den jeweiligen Fällen andere Rechtswidrigkeitsgründe aufgezeigt hatten. Ob die Verfügungen überhaupt rechtswidrig waren, wie der BGH ohne eingehende Begründung unterstellt, war mithin gar nicht entscheidungserheblich. Offenbar geht der BGH von der Hypothese aus, daß bei unionsrechtswidriger genereller Verweigerung der erforderlichen Erlaubnisse behördliche Untersagungen der Sportwettvermittlung zwangsläufig rechtswidrig seien, selbst wenn ein Erlaubnisvorbehalt in Konformität mit Unionsrecht anwendbar, und damit die untersagte Tätigkeit formell illegal sei. Diese Rechtswidrigkeit würde allerdings nicht auf der Anwendung unionsrechtswidriger Normen beruhen, sondern darauf, daß das Gebrauchmachen von an sich unbedenklichen Ermächtigungsgrundlagen in bestimmten Konstellationen EU-Recht verletzt. Dies wiederum ist indes, was der BGH verkannt hat, jedenfalls nach aktueller Rechtsprechung, nicht die zwangsläufige Folge der Existenz unionsrechtswidriger Normen. Entscheidend ist vielmehr, ob eine unionsrechtswidrige Verweigerungspraxis vorliegt. Eine solche Praxis ist auch dann möglich, wenn die normativen Grundlagen nicht zu beanstanden sind[132]. Umgekehrt kann sie hiernach selbst dann fehlen, wenn unionsrechtswidrige Erlaubnisverbote existieren, die zuständigen Erlaubnisbehörden sie jedoch privaten Antragstellern nicht entgegenhalten[133].

---

[132] OLG Naumburg, Urt. v. 27.9.2012, 9 U 73/11, Juris.
[133] Vgl. BVerwG, Urt. v. 16.5.2013, 8 C 16.12, Rn. 58. Erst ab September 2010 erklärten die zuständigen Behörden einiger Bundesländer (Bayern, Niedersachsen, Rheinland-Pfalz) gegenüber Interessierten die Bereitschaft, entgegen § 10 Abs. 5 GlüStV auch privaten Antragstellern Erlaubnisse zur Veranstaltung von Sportwetten zu erteilen. Öffentlich bekanntgemacht wurde diese Bereitschaft jedoch nie. Tatsächlich wurde lediglich in einem Einzelfall in Niedersachsen eine Veranstaltungserlaubnis

Bei näherer Betrachtung erweist sich, daß Untersagungsverfügungen gegenüber Sportwettvermittlern, geht man aus von der Rechtsprechung des Bundesverwaltungsgerichts, typischerweise wegen eigenständiger, vermeidbarer Ermessensfehlern der zuständigen Behörden rechtswidrig sind[134]. Die Rechtswidrigkeit beruht also nicht auf legislativem Unrecht, weil sie unabhängig davon besteht, ob der den Vermittlern entgegengehaltene Erlaubnisvorbehalt unionsrechtswidrig war oder aber zumindest, wie der BGH anscheinend unterstellt, ihnen nicht entgegengehalten werden durfte. Fast immer haben nämlich die zuständigen Behörden in der Begründung ihrer Untersagungsverfügungen, objektiv völlig unnötig, ein „Bekenntnis" zum Fortbestand des Sportwettenmonopols abgegeben, indem darin sie die Erlaubnisverbote nach § 1 Abs. 1 S. 2 Sportwettengesetz NRW, § 5 Abs. 4 LottStV und § 5 Abs. 4 GlüStV als gemeinschafts- bzw. unionsrechtlich unbedenklich hingestellt haben, obwohl die Anwendung der Erlaubnisverbote nicht zu ihrem Zuständigkeitsbereich gehört und von den zuständigen Erlaubnisbehörden ohne weiteres im Hinblick auf höherrangiges Recht hätte unterlassen werden können (und letztlich sogar müssen). Inwieweit eine Behörde, die durch ein objektiv unnötiges Bekenntnis zu einer verfassungs- und/oder unionsrechtswidrigen Rechtslage und damit eine Ausübung des ihr eingeräumten Ermessens entgegen § 40 VwVfG einen Grund für die Rechtswidrigkeit des von ihr erlassenen Verwaltungsaktes setzt, für diesen vermeidbaren Ermessensfehler mit einer Haftungsfreistellung belohnt werden soll, erschließt sich nicht, da der betreffende Fehler nicht mehr dem Gesetzgeber zugerechnet werden kann[135], der erwarten konnte und durfte, daß Behörden die Rechtmäßigkeit ihres Verwaltungshandelns keinen unnötigen Risiken aussetzen. Schließlich sind etwaige Folgen für die öffentlichen Haushalte, selbst wenn sie – wie während der Kampagne gegen Wettbüros in den Jahren 2006 bis 2010 – durch die ständige Wiederholung desselben administrativen Fehlers erheblich werden könnten, genauso hinzunehmen wie in anderen Konstellationen, in denen eine rechtswidrige Verwaltungspraxis flächendeckende Ausmaße angenommen hat.

Zurück zu den beiden vom BGH entschiedenen Fällen: in einem der beiden (III ZR 204/13) hatte die Vorinstanz das Vorliegen sonstiger Fehler, einschließlich Ermessensfehlern, geprüft und verneint. In dem anderen wurde offenbar die Entscheidung der Parallelsache unbesehen übertragen, ohne daß

---

entgegen § 10 Abs. 5 GlüStV erteilt, ansonsten blieb es bundesweit de facto beim Wettmonopol des Staates.
[134] Pagenkopf, NVwZ 2015, 1264, 1266.
[135] OLG Hamm 19.8.2015, I-11 U 70/14, n.v., zur Haftung des Landes NRW.

eine inhaltliche Prüfung auf sonstige Fehler vorliegt. Auch wenn es nicht fernliegt, daß die dort streitigen Untersagungsverfügungen an denselben administrativen Mängeln litten wie Hunderte andere aus jenen Tagen, so bleibt doch festzuhalten, daß dahingehende Feststellungen weder vom BGH noch von den Vorinstanzen getätigt wurden. Von daher wäre es verfehlt, die Entscheidungen unbesehen auf sämtliche Sportwettenfälle der Vergangenheit, Gegenwart und Zukunft, oder allgemeiner gesprochen die Durchsetzung von Erlaubnisvorbehalten bei defizitärem Erlaubnisregime[136], zu übertragen, oder gar bereits dann Entschädigung zu versagen, wenn zum legislativen Unrecht nur noch ein loser Zusammenhang besteht, etwa wenn irgendwo in einem Bescheid unnötigerweise eine verfassungs- oder unionsrechtswidrige Norm erwähnt und damit ein (zusätzlicher) Rechtswidrigkeitsgrund gesetzt wird.

Daß eine rechtswidrige behördliche Maßnahme im Einklang mit nationalen Gesetzen stand und, einen vorherigen EU-Austritt Deutschlands vorausgesetzt, sich als rechtmäßig erwiesen hätte, genügt mithin auch nach den Urteilen des BGH vom 16.4.2015 weiterhin nicht, um eine Haftung nach § 39 Abs. 1 lit. b) OBG zu verneinen. Vielmehr setzt die Haftungsausnahme für legislatives Unrecht nach BGH voraus, daß zum einen legislatives Unrecht in Gestalt eines förmlichen Gesetzes existiert, ebendieses durch die dafür zuständige Behörde zutreffend angewandt (oder durchgesetzt) wurde und, abgesehen von der zutreffenden Anwendung dieses Gesetzes, kein weiterer Rechtswidrigkeitsgrund vorliegt. Daß dieser in den Urteilen niedergelegte, verallgemeinerungsfähige Standpunkt nur bedingt dazu beiträgt, die Entscheidung der beiden konkreten Fälle nachvollziehbar zu erklären, sollte nicht zum Anlaß für den Versuch unternommen werden, aus den Urteilen eine noch weitergehende Aufweichung der in den polizeirechtlichen Haftungstatbeständen umfassend statuierten Verantwortlichkeit von Behörden für ihr originäres, vermeidbares Fehlverhalten abzuleiten.

---

[136] Siehe S. 66 unter H (6), S. 72 unter I (1), S. 74 unter (5). Nicht hierher gehören die Konstellationen, in denen ein Handeln ohne staatliche Zulassung in der Regel nicht sinnvoll erscheint, weil die Tätigkeit rechtlicher Anerkennung bedarf (z.B. Notare, Rechtsanwälte, Steuerberater, Bauvorlageberechtigung, Kassenzulassung).

VII.
Ausblick

Die Haftung des Staates für rechtswidrige Maßnahmen im Umfeld legislativen Unrechts hat praktisch nicht annäherungsweise diejenige – zumal fiskalische – Bedeutung, die ihr bislang beigemessen wurde. Nachdem § 5 Abs. 2 S. 2 StHG – durchaus im Einklang mit der vorherigen Rechtspraxis – klargestellt hatte, daß sich die Haftungsexemtion für legislatives Unrecht nicht auf dessen Vollzug erstreckt, indes durch die Nichtigerklärung des ganzen Gesetzes keine praktische Bedeutung erlangen konnte, hat der BGH in seinem Urteil vom 12.3.1987 eine Haftung für Verwaltungshandeln, das sich auf legislatives Unrecht stützt, unter dem Gesichtspunkt des enteignungsgleichen Eingriffs verneint, und nunmehr auch unter dem Gesichtspunkt der polizeirechtlichen Unrechtshaftung nach § 39 Abs. 1 lit. b) OBG NRW. Diese Erstreckung überzeugt nicht, da die Gründe, um derentwillen die Haftung auf ungeschriebener Grundlage verneint worden ist, nicht passen zu einem positivierten Haftungstatbestand, der entgegen seinem Wortlaut ausgelegt werden muß, um die Haftung zu verneinen. Es bleibt nur zu hoffen, daß zumindest die zeitlich jüngeren, dem § 68 Abs. 1 S. 2 MEPolG nachgebildeten Haftungstatbestände[137] aus einer Zeit, als die rechtspolitische Notwendigkeit einer Haftung auch in sogenannten „Beruhensfällen" allgemein anerkannt war, von einer derartigen Verstümmelung, die im Widerspruch zur legislatorischen Tendenz jener Jahre steht, verschont bleiben werden[138].

Eine verallgemeinerungsfähige Abgrenzung der „Beruhensfälle" von sonstigem exekutivischen Unrecht ist anhand der Urteile des BGH vom 16.4.2015 nur möglich, wenn man allein die darin niedergelegten, verallgemeinerungsfähigen Rechtsgrundsätze berücksichtigt und deren nicht nachvollziehbar begründete Übertragung auf die beiden konkreten Fälle ausblendet. Die Haftungsexemtion, übrigens auch beim enteignungsgleichen Eingriff, muß in jedem Fall auf Konstellationen beschränkt bleiben, in denen die zuständige Behörde verfassungs- oder unionsrechtswidrige Normen unmittelbar anwendet und keine sonstigen, vermeidbaren Rechtswidrigkeitsgründe setzt.

---

[137] U.a. § 64 Abs. 1 S. 2 HSOG, § 80 Abs. 1 S. 2 Nds. SOG, § 68 Abs. 1 S. 2 POG RP.
[138] Vgl. VG Braunschweig, Urt. v. 15.7.2015, 5 A 195/10, n.v., zu § 80 Abs. 1 S. 2 nds. SOG.

Anhang I - Rechtsvorschriften

Staatshaftungsgesetz v. 26.6.1981, § 5 Abs. 2
[1]Besteht die Pflichtverletzung in einem rechtswidrigen Verhalten des Gesetzgebers, so tritt eine Haftung nur ein, wenn und soweit ein Gesetz dies bestimmt. [2]Die Haftung für Pflichtverletzungen der vollziehenden oder rechtsprechenden Gewalt, die ausschließlich auf dem Verhalten des Gesetzgebers beruhen, bleibt davon unberührt.

Ordnungsbehördengesetz NRW v. 13.7.1980, § 39 Abs. 1
(1) Ein Schaden, den jemand durch Maßnahmen der Ordnungsbehörden erleidet, ist zu ersetzen, wenn er
a) infolge einer Inanspruchnahme nach § 19 oder
b) durch rechtswidrige Maßnahmen, gleichgültig, ob die Ordnungsbehörden ein Verschulden trifft oder nicht,
entstanden ist.

Anhang II – BVerfG-Entscheidungen
Vom Bundesverfassungsgericht für unvereinbar mit dem Grundgesetz, oder nichtig, erklärte Gesetze

Übersicht
A. Vermögensschäden nicht denkbar 25
B. Die verletzte Vorschrift dient nicht dem individuellen Rechtsgüterschutz 8
C. Vermögensschäden nicht vom Schutzweck der verletzten Norm erfaßt 99
(D. Vermögensschäden nur in seltenen Fällen 56)
E. Zinsschäden möglich, sonstige Schäden nicht/durch Primärrechtsschutz vermeidbar 166
F Übergangsanordnung legitimiert Vermögensschäden, die auf legisl. Unrecht beruhen 35
G. Zinsschäden möglich, aber durch Übergangsanordnung legitimiert 42
H. Vermögensschäden möglich, aber kein enteignungsgleicher Eingriff 99
(davon: Vermögensschäden nur in seltenen Fällen) 44)
I. Vermögensschäden möglich, enteignungsgleicher Eingriff 3
J. Vermögensschäden möglich, aufopferungsgleicher Eingriff 11
(davon: Vermögensschäden nur in seltenen Fällen) 9)
Gesamt 488

In die nachfolgenden Listen aufgenommen sind Gesetze, die vom Deutschen Bundestag oder einem deutschen Landtag beschlossen wurden. Vorkonstitutionelle Gesetze sind nur insoweit erfaßt, als sie der nachkonstitutionelle Gesetzgeber in seinen Willen aufgenommen hat.

Datum	Az.	BVerfGE	Inhalt	Verletzter GG-Art.	Typ	Anmerkungen
\multicolumn{7}{l}{A: Vermögensschäden nicht denkbar (25 Entscheidungen)}

A: Vermögensschäden nicht denkbar (25 Entscheidungen)

Datum	Az.	BVerfGE	Inhalt	Verletzter GG-Art.	Typ	Anmerkungen
23.10.1951	1 BvR 1/51	1, 14	Südweststaat	72	AB	
09.07.1969	2 BvL 25/64	26, 281	Gebührenfreiheit DB, DBP	70	A	
15.07.1969	2 BvF 1/64	26, 338	Eisenbahnkreuzungen	106	A	
27.07.1971	2 BvF 1/68	31, 314	USt bei Rundfunkanstalten	5 I 2	A	
07.05.1974	2 BvL 17/73	37, 191	Örtliche Zuständigkeit bei ZVS	74	A	(2)
13.04.1978	2 BvF 1/77	48, 127	Kriegsdienstverweigerung	3 I	A	
19.10.1982	2 BvF 1/81	61, 149	Staatshaftungsgesetz 1981	70	A	
24.06.1986	2 BvF 1/83	72, 330	Steuerzerlegung	107	A	
24.03.1987	1 BvR 147/86	74, 297	Beschränkungen SR/SWF	5 I 2	A	
31.10.1990	2 BvF 2/89	83, 37	Kommunales Ausländerwahlrecht SH	28 I 2	A	
31.10.1990	2 BvF 3/89	83, 60	Kommunales Ausländerwahlrecht Hamburg	28 I 2	A	
27.05.1992	2 BvF 1/88	86, 148	Länderfinanzausgleich	107	A	
24.05.1995	2 BvF 1/92	93, 37	Personalvertretung SH	28 I 1	A	
08.02.2001	2 BvF 1/100	103, 111	Wahlprüfung Hessen	92	A	
24.10.2002	2 BvF 1/01	106, 62	Altenpflegegesetz	72 II	A	
18.12.2002	2 BvF 1/02	106, 310	Zuwanderungsgesetz	78	A	
26.01.2005	2 BvF 1/03	112, 226	Verbot Studiengebühren	75	A	
11.09.2007	1 BvR 2270/05	119, 181	Finanzierung öff.-rechtlicher Rundfunk	5 I 2	AF	(2)
20.12.2007	2 BvR 2433/04	119, 331	ALG II-Arbeitsgemeinschaften	28 II	A	
07.09.2010	2 BvF 1/09	127, 165	Zukunftsinvestitionsgesetz	109	A	
04.07.2012	2 BvC 1/11	132, 39	Wahlrecht Auslandsdeutsche	38 I 1	A	
25.03.2014	1 BvF 1/11	136, 9	Aufsicht über ZDF	5 I 2	A	(2)
07.10.2014	2 BvR 1641/11	137, 108	2/3 Mehrheit im Gemeinderat	28 II	A	
19.11.2013	2 BvL 2/13		Schulnetzplanung	28 II	A	
27.01.2015	1 BvR 471/10		Ausnahmeregelung	33 III	A	

Anmerkung 1: Schäden im Bereich der öffentlichen Hand bleiben außer Betracht.
Anmerkung 2: Staatsverträge.

B. Die verletzte Vorschrift dient nicht dem individuellen Rechtsgüterschutz (8 Entscheidungen)

Datum	Az.	BVerfGE	Inhalt	Verletzter GG-Art.	Typ	Anmerkungen
30.07.1958	2 BvF 3/58	8, 104	Volksbefragung Hamburg	73	B	
16.06.1959	2 BvF 5/56	9, 305	Kriegsfolgelasten	120	B	
09.05.1962	2 BvL 13/60	14, 56	Absetzung Gemeinderichter	97 II	B	
12.01.1982	2 BvR 113/81	59, 216	Zwangsbenennung Gemeinde	28 II	B	
09.12.1987	2 BvL 16/84	77, 288	Bauleitplanung Saarbrücken	72	B	
12.05.1992	2 BvR 470/90	86, 90	Gebietsänderung Gemeinde	28 II	B	
15.01.2008	2 BvL 12/01	120, 26	Vermittlungsausschuß	76	BCF	
21.07.2015	1 BvF 2/13		Betreuungsgeld	72 II	B	

Anmerkung 1: Schäden im Bereich der öffentlichen Hand bleiben außer Betracht.

C. Vermögensschäden nicht vom Schutzzweck der verletzten Norm erfaßt
(99 Entscheidungen)

05.04.1952	2 BvH 1/52	1, 208	7,5 % Klausel Landtag SH	3 I	C	(3)
01.08.1953	1 BvR 281/53	3, 19	Unterschriftenquorum Bundestagswahl	38 I 1	C	(3)
11.11.1953	1 BvL 67/52	3, 45	Ersatzleute bei Kommunalwahl	28 I 2	C	(3)
13.06.1956	1 BvL 54/55	5, 71	Verordnungsermächtigung	80 I 2	C	(4)
09.07.1957	2 BvL 30/56	7, 77	Ersatzleute bei Kommunalwahl	28 I 2	C	(3)
05.03.1958	2 BvL 18/56	7, 282	Verordnungsermächtigung in UStG	80 I 2	C/E	(4)
11.06.1958	2 BvF 1/57	8, 51	Parteispendenabzug Steuer	21 I	C	(3)
27.04.1959	2 BvF 2/58	9, 268	Personalvertretung Bremen	28 I 1	C	(3)
29.07.1959	1 BvR 205/58	10, 59	Stichentscheid des Vaters	3 II	C	(3)
17.11.1959	1 BvR 88/56	10, 200	Friedensgerichte in BW	101	C	(3)
12.07.1960	2 BvR 373/60	11, 266	Chancengleichheit FWV	3	C	(3)
02.11.1960	2 BvR 504/06	11, 351	Reserveliste FWV	3	C	(3)
15.11.1960	2 BvR 536/60	12, 10	Chancengleichheit FVR	3	C	(3)
30.05.1961	2 BvR 366/60	13, 1	Friedenswahlen	3 I	C	(3)
30.10.1962	2 BvF 2/60	15, 1	Reinhaltung Bundeswasserstraßen	70	C	
02.06.1964	2 BvL 23/62	18, 52	Verordnungsermächtigung Steuergesetz	80 I 2	C	(4)
19.07.1966	2 BvF 1/65	20, 56	Parteifinanzierung durch Haushaltsgesetz	21	C	(3)
11.10.1966	2 BvL 1/64	20, 238	AGVwGO Saarland	74	C	
17.01.1967	2 BvL 24/63	21, 106	AGVwGO RP	74	C	
06.06.1967	2 BvR 375/64	22, 49	Kriminalstrafe durch Behörde	92	C	(5)
03.12.1968	2 BvE 1/67	24, 300	Wahlkampfkostenpauschale	21	C	(3)
09.06.1970	2 BvL 16/68	29, 11	Strafbestimmungen Landesbauordnung	72	C	
15.12.1970	2 BvF 1/69	30, 1	Unterrichtung Betroffener	10 II	C	(3)
24.02.1971	1 BvR 438/68	30, 227	Verbot von Vereinsnamen	9	C	(3)
08.06.1971	2 BvL 10/71	31, 141	Strafbestimmungen Landesbauordnung	72	C	(5)
26.07.1972	2 BvF 1/71	34, 9	Beamtenbesoldung	BuR	C	
11.10.1972	2 BvR 912/71	34, 81	Landtagswahlrecht	3 I	C	
06.12.1972	1 BvR 230/70	34, 165	Obligatorische Förderstufe	6 II	C	(3)
29.05.1973	1 BvR 424/71	35, 79	Hochschulverfassung	5 III	C	(3)
28.11.1973	2 BvL 42/71	36, 193	Zeugnisverweigerung Presse	72	C	
13.02.1974	2 BvL 11/73	36, 314	Zeugnisverweigerung Presse	72	C	
05.11.1975	2 BvR 193/74	40, 296	Diäten	3 I	C	(3)
09.03.1976	2 BvR 89/74	41, 399	Wahlkampfkostenerstattung	38 I 1	C	(3)
08.02.1977	1 BvR 79/70	43, 242	Hochschulverfassung	5 III	C	(3)
08.02.1977	1 BvR 329/71	44, 37	Wirksamkeit Kirchenaustritt	4 I	C	(3)
21.12.1977	1 BvL 1/75	47, 46	Sexualkundeunterricht	20 III	C	(3)
15.02.1978	2 BvR 134/76	47, 253	Kandidatenaufstellung	3 I	C	(3)
04.04.1978	2 BvR 1108/77	48, 64	Inkompatibilität Kommunalrecht	3 I	C	(3)
14.06.1978	2 BvL 2/78	48, 367	Weitere Beschwerde	72	C	
27.03.1979	2 BvR 1011/78	51, 77	Personalrat Bremen	BuR	C	
07.10.1980	1 BvL 88/78	55, 32	Kirchenaustritt Wartefrist	4 I	C	(3)
11.02.1981	1 BvR 303/78	56, 192	Hochschulverfassung	5 III	C	(3)
07.04.1981	2 BvR 1210/80	57, 43	Inkompatibilität Kommunalrecht	3 I	C	(3)
16.03.1982	1 BvR 938/81	60, 123	Mindestalter neue Geschlechtszuordnung	3 I	C	(3)
23.03.1982	2 BvL 1/81	60, 162	Unterschriftenquorum Personalratswahl	3 I	C	(3)
20.10.1982	1 BvR 1467/80	61, 210	Gruppenuniversität	5 III	C	(3)
08.02.1983	1 BvL 20/81	63, 131	Frist für Gegendarstellung	APR	C	(3,4)
15.12.1983	1 BvR 209/83	65, 1	Volkszählung	ISB	C	(3)
28.03.1984	2 BvL 3/82	66, 291	Hochschulverfassung	BuR	C	(3)
16.10.1984	2 BvL 20/82	67, 369	Unterschriftenquorum Personalratswahl	3 I	C	(3)
16.10.1983	2 BvL 1/83	67, 382	Personalrat	BuR	C	
22.10.1985	1 BvR 44/83	71, 81	Wahl Arbeitnehmerkammern	3 I	C	(3)

14.05.1986	2 BvL 19/84	72, 278	Berufsbildungsausschüsse	WRV	C	(3)
04.11.1986	1 BvF 1/84	73, 118	Privatfunk	5 I 2	C	(3)
22.06.1988	2 BvR 234/87	78, 374	Bestrafung im Funkbereich	103 II	C	
31.01.1989	1 BvL 17/87	79, 256	Kenntnis der Abstammung	APR	C	(3)
29.09.1990	2 BvE 1/90	82, 322	Sperrklausel gesamtdeutsche Wahl	38	C	(3)
05.02.1991	1 BvF 1/85	83, 238	WDR-Gesetz	5 I 2	C	(3)
05.03.1991	1 BvL 83/86	84, 9	Ehename kraft Gesetzes	3 II	C	(3)
07.05.1991	1 BvL 32/88	84, 168	Gemeinsame elterliche Sorge	6 II	C	(3)
09.04.1992	2 BvE 2/89	85, 264	Parteifinanzierung	21	C	(3)
26.04.1994	1 BvR 1299/89	90, 263	Ehelichkeitsanfechtung	APR	C	(3)
10.01.1995	1 BvF 1/90	92, 26	Tarifverträge für Seeleute	9 III	C	(3)
07.03.1995	1 BvR 790/91	92, 158	Adoption	6 II	C	(3)
16.01.1996	2 BvL 4/95	93, 373	Imkompatibilität Gemeinderat	28 I 2	C	(3)
26.02.1997	1 BvR 1864/94	95, 193	Hochschulmitgliedschaft	5 III	C	(3)
02.03.1999	2 BvF 1/94	100, 249	Ermächtigung zu allg. VwV	85 II	C	
14.07.1999	1 BvR 2226/94	100, 313	TK-Überwachung BND	10	C	(3)
21.07.2000	2 BvH 3/91	102, 224	Statusgleichheit Abgeordnete	38 I 1	C	(3)
29.01.2003	1 BvL 20/99	107, 150	Gemeinsame Sorge	6 II	C	(3)
09.04.2003	1 BvR 1493/96	108, 82	Umgangsrecht mit Kind	6 II	C	(3)
15.07.2003	1 BvF 6/98	108, 169	Vollzug des TKG	30, 86	C	
18.02.2004	1 BvR 193/97	109, 256	Ehename	APR	C	(3)
27.07.2004	2 BvR 2/02	111, 226	Juniorprofessur	75	C	
12.10.2004	1 BvR 2130/98	111, 289	MitbestG: Wahl AN-Vertreter Aufsichtsrat	3 I	CF	(3)
26.10.2004	2 BvE 1/02	111, 382	Parteienfinanzierung	21	C	(3)
06.12.2005	1 BvR 3/03	115, 1	Transsexuelle: Vorname	APR	C	(3)
13.06.2007	1 BvR 1550/03	118, 168	Abruf Kontostammdaten	ISB	CF	(3)
27.02.2008	1 BvR 370/07	120, 274	Online-Durchsuchung	APR	C	(3)
11.03.2008	1 BvR 2074/05	120, 378	Kfz-Kennzeichenerfassung	APR	C	(3)
12.03.2008	2 BvF 4/03	121, 30	Rundfunk durch Partei	5 I 2	CG	(3)
17.04.2008	2 BvL 4/05	121, 108	ErbSt: Spenden für FWG	3 I	CE	(3)
27.05.2008	1 BvL 10/05	121, 175	Geschlechtsumwandlung in Ehe	6 I	C	(3)
03.07.2008	2 BvC 1/07	121, 266	Negatives Stimmgewicht	38 I 1	CF	(3)
30.06.2009	2 BvE 2/08	123, 267	EU-Angelegenheiten	23	C	(3)
01.12.2009	1 BvR 2857/07	125, 39	Ladenöffnung Adventssonntag	WRV	CF	(3)
08.12.2009	2 BvR 758/07	125, 109	Vermittlungsausschuß	76	CF	(3)
20.07.2010	1 BvR 748/06	127, 87	Hochschulverfassung	5 III	C	(3)
21.07.2010	1 BvR 420/09	127, 132	Gemeinsame elterliche Sorge	6 II	C	(3)
11.01.2011	1 BvR 3295/07	128, 109	Transsexuelle: Lebenspartnerschaft	APR	C	(3)
09.11.2011	2 BvC 4/10	129, 300	5 % Klausel Europawahl	3 I	C	(3)
24.01.2012	1 BvR 1299/05	130, 151	Vorratsdatenspeicherung	ISB	C	(3)
25.07.2012	2 BvF 3/11	131, 316	Wahlrecht	38 I 1	C	(3)
19.02.2013	1 BvL 1/11	133, 59	Sukzessivadoption Lebenspartner	3 I	CF	(3)
24.04.2013	1 BvR 1215/07	133, 277	Antiterrordatei	ISB	C	(3)
17.12.2013	1 BvL 6/10	135, 48	Behördliche Vaterschaftsanfechtung	16 I	C	(3)
26.02.2014	2 BvE 2/13	135, 259	3 %-Klausel Europawahl	3 I	C	(3)
24.06.2014	1 BvR 3171/07		Hochschulverfassung	5 III	C	(3)
12.05.2015	1 BvR 1501/13		Hochschulverfassung	5 III	C	(3)

Anmerkung 3: Die betroffenen Verfassungsvorschriften dienen dem Schutz immaterieller Werte (Demokratie, Privatsphäre, Familienleben, Gleichberechtigung im Familienleben, Religion und Weltanschauung, Vereinigungs- und Koalitionsfreiheit, Rundfunkfreiheit, Wissenschaftsfreiheit). Ihre Verletzung in den oben genannten Fällen hat nicht oder nur untergeordneten Maße die Vermögenssphäre Einzelner negativ beinflußt. Es ist nicht Zweck besagter Verfassungsvorschriften, dies zu verhindern.

Anmerkung 4: Es ist nicht Zweck des Art. 80 Abs. 1 S. 2 GG, Individuen davor zu schützen, daß durch Schaden entsteht durch die Existenz oder Anwendung von Rechtsverordnungen, die auf Art. 80 Abs. 1 S. 2 GG unvereinbaren Ermächtigungsgrundlagen beruhen.

Anmerkung 5: Die strafbewehrten Verhaltensweisen sind auch unabhängig von den verfassungswidrigen Strafandrohungen verboten gewesen.

D. Ersatzfähige Vermögensschäden nur in seltenen Ausnahmefällen
(55 Entscheidungen, eingeordnet unter F, H, J)

E. Zinsschäden möglich, sonstige Schäden nicht/durch Primärrechtsschutz vermeidbar
(166 Entscheidungen)

01.07.1953	1 BvL 23/51	2, 380	Entschädigungsrückforderung	20 III	E	(7)
21.10.1954	1 BvL 52/52	4, 60	Weinabgabe	73	E	(7)
21.07.1955	1 BvL 33/51	4, 219	Arbeitsverhältnisse öffentlicher Dienst	3 I	E	
17.01.1957	1 BvL 4/54	6, 55	Ehegattenbesteuerung	6 I	E	(7)
20.02.1957	1 BvR 413/53	6, 246	Leistung nach G 131	3 I	E	(8)
05.03.1957	1 BvR 109/52	6, 282	Leistung nach G 131	3 I	E	(8)
04.02.1958	2 BvL 31/56	7, 244	Bad. Weinabgabe	105 II	E	(7)
29.10.1958	2 BvL 19/56	8, 260	Einfuhrabgabe Helgoland	105 I	E	(7)
20.05.1959	1 BvL 1/78	9, 291	Feuerwehrabgabe	3 I	E	(7)
15.12.1959	2 BvL 73/58	10, 251	Beförderungssteuer	80 I 2	E	(7)
14.06.1960	1 BvL 7/60	11, 203	Beförderungsschnitt Beamte	33 V	E	(8)
24.01.1961	2 BvR 74/06	12, 81	Richterbesoldung	33 V	E	(8)
27.06.1961	1 BvL 17/58	13, 31	Entschädigung für NS-Opfer	3 I	E	(8)
19.12.1961	2 BvL 6/59	13, 261	Rückwirkende Steuer	20 III	E	(7)
24.01.1962	1 BvL 32/57	13, 290	Gewerbesteuer Ehegattenlohn	6 I	E	(7)
24.01.1962	1 BvR 845/58	13, 331	Rechtsformneutralität Steuer	3 I	E	(7)
04.04.1962	2 BvL 9/60	14, 42	Ausschluß Kostenerstattung	3 I	E	(8)
06.11.1962	2 BvR 151/60	15, 46	Leistungen nach G 131	3	E	(8)
27.11.1962	2 BvL 13/61	15, 153	Umsatzsteuer	80 I 2	E	(7)
11.12.1962	2 BvL 2/60	15, 167	Ruhegehaltkürzung Beamte	20 III	E	(8)
20.03.1963	1 BvL 20/61	15, 328	Hypothekenabgabe Eheleute	6 I	E	(7)
07.05.1963	2 BvR 481/60	16, 94	Pension Wehrmachtssoldaten	14	E	(8)
10.06.1963	1 BvR 345/61	16, 203	Grunderwerbsteuer	6 I	E	(7)
27.06.1963	2 BvR 287/62	16, 231	Kostenerstattung Vorverfahren	3 I	E	(8)
23.07.1963	1 BvL 11/61	16, 306	Speiseeissteuer	105 II	E	(7)
24.07.1963	1 BvR 30/57	17, 1	Witwer- u. Waisenrente AVG	3 II	E	(8)
24.07.1963	1 BvL 101/58	17, 38	Witwer- u.Waisenrente BVG	3 II	E	(8)
24.07.1963	1 BvL 10/63	17, 62	Waisenrente	3 II	E	(8)
08.10.1963	1 BvR 108/62	17, 122	NS-Unrecht Wiedergutmachung	3 I	E	(8)
29.10.1963	1 BvL 15/58	17, 148	Kinderzuschlag BVG	6 V	E	(8)
27.04.1964	1 BvL 4/59	18, 38	ALV auf Seeschiffen	3 I	E	
30.06.1964	1 BvL 16/62	18, 97	Zusammenveranlagung Eltern/Kind	6 I	E	(7)
26.11.1964	1 BvL 14/62	18, 257	Freiwillige Mitgliedschaft RV	3 I	E	
12.01.1965	2 BvR 454/62	18, 288	NS-Wiedergutmachung	6 I	E	(8)
31.03.1965	2 BvL 17/63	18, 429	Rückwirkende Rentenerstattung	20 III	E	(7)
13.07.1965	1 BvR 771/59	19, 101	Zweigstellensteuer	3 I	E	(7)
14.12.1965	1 BvR 413/60	19, 206	Kirchenbausteuer jur. Pers.	2 I	E	(7)
14.12.1965	1 BvL 31/62	19, 226	Kirchenlohnsteuer Mischehe	2 I	E	(7)
11.10.1956	2 BvR 179/64	20, 257	Verordnungsermächtigung Gebühren	80	E	(7)
13.12.1966	1 BvL 133/65	20, 374	Versicherungsfreiheit ALV	3 I	E	(8)
11.04.1967	2 BvL 3/62	21, 329	Witwerrente	3 II	E	(8)
11.07.1967	1 BvL 23/64	22, 163	Zweitkindergeld	3 I	E	(8)
13.12.1967	1 BvR 679/64	23, 1	ESt: Kinderfreibeträge	3 I	E	(6)
24.07.1968	1 BvR 537/65	23, 327	Formvorschrift Antrag	2 I	E	(8)
24.07.1968	1 BvR 537/65	24, 75	Formvorschrift Antrag	2 I	E	(8)
24.07.1968	1 BvR 394/67	24, 104	Konkursaussonderung	6 I	E	
04.06.1969	2 BvR 33/66	26, 79	Besoldung	33 V	E	(8)
04.06.1969	2 BvR 86/66	26, 100	Besoldung	3 I	E	(8)
04.06.1969	2 BvR 412/66	26, 163	Besoldung	33 V	E	(8)
15.07.1969	1 BvL 22/65	26, 321	Kapitalverkehrssteuer	6 I	E	(7)
14.11.1969	1 BvR 4/69	27, 220	Wohngeld neben Sozialhilfe	3 I	E	(8)
21.01.1970	2 BvL 27/63	27, 364	Anrechnung auf Ruhegehalt	3 I	E	(8)

28.01.1970	1 BvL 8/68	27, 391	Erstattg. Kosten Vorverfahren	3 I	E	(8)
11.05.1970	2 BvL 17/67	28, 227	ESt: Gewinnermittlg Landwirte	3 I	E	(6)
27.05.1970	1 BvL 22/63	28, 324	Waisenrente nach Heirat	6 I	E	(8)
09.06.1970	2 BvL 14/66	29, 1	Kinderzuschlag für verheiratete Kinder	3 I	E	(8)
10.03.1971	2 BvR 3/68	30, 272	DBA: Rückwirkung	20 III	E	(7)
23.03.1971	2 BvL 2/66	30, 367	Ausschluß von Entschädigung	20 III	E	(8)
04.05.1971	2 BvL 8/66	31, 94	Witwenpension (Rückwirkung)	20 III	E	(8)
07.07.1971	1 BvR 765/66	31, 229	Schulbuchprivileg § 46 UrhG	14	E	
08.07.1971	1 BvR 766/66	31, 275	Bearbeiter-Urheberrechte	14	E	
04.11.1971	2 BvR 493/66	32, 173	NS-Wiedergutmachung	3 I	E	(8)
25.01.1972	1 BvL 3/70	32, 273	Kündigungsschutz Schwangere	6 IV	E	
08.03.1972	1 BvR 674/70	32, 365	Rentenregelung	3 I	E	(8)
05.07.1972	2 BvL 6/66	33, 265	Erschließungsbeitrag	BuR	E	(7)
07.05.1974	1 BvL 6/72	37, 154	Blindenhilfe BSHG	3 I	E	(8)
12.11.1974	1 BvR 505/68	38, 187	Witwenrente nach Scheidung	3 I	E	(8)
13.11.1974	1 BvL 12/73	38, 213	Mutterschaftsgeld	3 I	E	(8)
12.03.1975	2 BvL 10/71	39, 196	Witwergeld	3 II	E	(8)
06.05.1975	1 BvR 332/72	39, 316	Kinderzuschuß	3 I	E	(8)
12.05.1976	1 BvL 31/73	42, 176	ALG: Abfindungsvergleich	3 I	E	(8)
26.10.1976	1 BvR 191/74	43, 58	Umsatzsteuer	3 I	E	(7)
30.03.1977	2 BvR 1039/75	44, 249	Kinderzuschlag	33 V	E	(8)
10.05.1977	1 BvR 514/68	45, 297	Öffentliche Last	14 III	E	
08.06.1977	1 BvR 265/75	45, 104	ESt: Kinderbezogene Vergünstigungen	3 I	E	(7)
11.10.1977	2 BvR 407/76	46, 97	Witwengeld	3 I	E	(8)
11.10.1977	1 BvR 343/73	47, 1	ESt: Freibetrag für Hausgehilfin	3 I	E	(7)
01.03.1978	1 BvR 786/70	47, 285	Notargebühren	12 I	E	(7)
06.02.1979	2 BvL 5/76	50, 217	Bemessung Widerspruchsgebühr	3 I	E	(7)
26.06.1979	1 BvL 10/78	51, 356	Rentenversicherung	20 III	E	
08.10.1980	1 BvR 122/78	55, 100	Rente	3 I	E	
10.12.1980	2 BvF 3/77	55, 274	Ausbildungsplatzabgabe	84 I	E	(7)
04.02.1981	2 BvR 570/76	56, 146	Richterbesoldung	3 I	E	(8)
04.02.1981	2 BvR 590/76	56, 175	Besoldung Landesanwälte	3 I	E	(8)
11.03.1981	2 BvR 441/77	56, 353	Beamtenbesoldung	3 I	E	(8)
16.06.1981	1 BvL 129/78	57, 335	Rentenversicherung	3 II	E	
14.07.1981	1 BvL 24/78	58, 137	Pflichtexemplarablieferung	14 I	E	
09.02.1982	2 BvL 6/78	60, 16	Rückwirkende Versorgung	3 I	E	(8)
05.07.1983	2 BvR 460/80	64, 367	Beamtenbesoldung	33 V	E	(8)
22.02.1984	1 BvL 10/80	66, 214	ESt: Unterhaltsaufwand	3 I	E	(7)
10.07.1984	1 BvL 44/80	67, 186	Arbeitslosenhilfe	6 I	E	(8)
04.10.1984	1 BvR 789/79	67, 290	ESt: Unterhaltsaufwand	3 I	E	(7)
16.10.1984	1 BvR 17/80	67, 348	Zugewinnausgleich	3 I	E	
06.11.1984	2 BvL 19/83	67, 256	Investitionshilfegesetz	105	E	(7)
03.07.1985	2 BvL 16/82	70, 251	Schulleiter auf Zeit	BuR	E	
09.10.1985	1 BvL 7/83	71, 1	Rentenversicherung	14 I	E	
08.04.1986	1 BvR 1186/83	71, 364	Versorgungsausgleich	3 I	E	
13.05.1986	1 BvR 1542/84	72, 155	Verbindlichkeit zu Lasten Kind	APR	E	
14.05.1986	2 BvL 2/83	72, 200	Rückwirkung EStG	20 III	E	(7)
14.07.1986	2 BvE 2/84	73, 40	Steuerabzug Parteispenden	3 I	E	(7)
18.11.1986	1 BvL 29/83	74, 9	ALG für Studenten	3 I	E	(8)
18.11.1986	1 BvR 1365/84	74, 33	Erbersatzanspruch nichteheliches Kind	6 V	E	
08.04.1987	1 BvL 8/84	75, 40	Privatschulförderung	7 IV	E	(8)
15.12.1987	1 BvR 563/85	77, 308	Entgelt bei Arbeitnehmerweiterbildung	12 I	E	
29.11.1988	1 BvR 22/84	79, 87	Krankengeld	3 I	E	
23.01.1990	1 BvL 44/86	81, 156	ALG-Erstattung	12 I	E	(7)
22.03.1990	2 BvL 1/86	81, 363	Kinderzuschlag Beamte	33 V	E	(8)

Datum	Aktenzeichen	Fundstelle	Gegenstand	Norm		
30.05.1990	1 BvL 2/83	82, 126	Kündigungsfristen Arbeiter	3 I	E	
31.05.1990	2 BvL 12/88	82, 159	Sonderabgabe Absatzfonds	105	E	(7)
12.06.1990	1 BvL 72/86	82, 198	ESt: Kinderfreibetrag	6 I	E	(7)
24.04.1991	1 BvR 1341/90	84, 133	Kündigung Schwangerer	6 IV	E	
08.10.1991	1 BvL 50/86	84, 348	Steuerabzüge für Häuser	3 I	E	(7)
12.05.1992	1 BvR 1467/91	86, 81	Auflösung Forschung DDR	6 V	E	
23.09.1992	1 BvL 15/85	87, 114	Pachtzins Kleingärten	14 I	E	
08.06.1993	1 BvL 20/85	89, 15	ESt: Nachtarbeitszuschläge	3 I	E	(7)
24.01.1995	1 BvL 18/93	92, 91	Feuerwehrabgabe	3 III	E	(7)
31.01.1996	2 BvL 39/93	93, 386	Soldatenbesoldung	3 I	E	(8)
12.03.1996	1 BvR 609/90	94, 241	Rentenberechnung	3 I	E	
08.04.1998	1 BvR 1680/93	98, 17	Sachenrechtsmoratorium	14 I	E	
07.05.1998	2 BvR 1876/91	98, 83	Landesabfallabgaben	74	E	(7)
15.07.1998	1 BvR 1554/89	98, 365	Betriebsrenten	3, 12 I	E	
29.09.1998	2 BvL 64/93	99, 69	Steuerpflicht FWV	3 I	E	(7)
30.09.1998	2 BvR 1818/91	99, 88	Verlustverrechnung Steuerrecht	3 I	E	(7)
10.11.1998	1 BvL 50/92	99, 165	BAföG	3 I	E	(8)
10.11.1998	2 BvL 42/93	99, 246	ESt: Familienexistenzminimum	6 I	E	(7)
10.11.1998	2 BvR 1220/93	99, 268	ESt: Existenzminimum Kind	6 I	E	(7)
10.11.1998	2 BvR 1852/97	99, 273	ESt: Existenzminimum Kind	6 I	E	(7)
10.11.1998	2 BvL 10/95	99, 280	ESt: Stellenzulage	3 I	E	(7)
24.11.1998	2 BvL 26/91	99, 300	Kinderzulage Beamte	33 V	E	(8)
28.04.1999	1 BvR 11/94	100, 138	Stasi-Renten	3, 14	E	(8)
09.11.1999	2 BvL 5/95	101, 141	Sonderurlaub	105	E	
14.03.2000	1 BvR 284/96	102, 41	Kriegsopferrente Ost	3 I	E	(8)
24.05.2000	1 BvL 1/98	102, 127	Berechnung ALG	3 I	E	
10.10.2001	1 BvL 17/00	104, 74	Entschädigung DDR-Grundstücke	3 I	E	
21.11.2001	1 BvL 19/93	104, 126	Sonderrenten Ost	3 I	E	(8)
20.03.2002	2 BvR 794/95	105, 135	Vermögensstrafe	103 II	E	
29.10.2002	1 BvL 16/97	106, 166	Kindergeldberechnung	3 I	E	(8)
04.12.2002	2 BvR 400/98	107, 27	ESt: Doppelte Haushaltsführung	6 I	E	(7)
19.03.2003	2 BvL 9/98	108, 1	Rückmeldegebühr	105	E	(7)
09.03.2004	2 BvL 17/02	110, 94	Spekulationssteuer	3 I	E	(7)
23.06.2004	1 BvL 3/98	111, 115	Rentenüberleitung Ost	3 I	EF	(8)
06.07.2004	1 BvL 4/97	111, 160	Kindergeld für Ausländer	3 I	E	(8)
06.07.2004	1 BvR 2595/95	111, 176	Erziehungsgeld für Ausländer	3 I	E	(8)
16.03.2005	2 BvL 7/00	112, 268	ESt: Kinderbetreuungskosten	6 I	E	(7)
06.07.2005	2 BvR 1335/95	113, 128	Solidarfonds Abfallrückführung	110	E	(7)
26.07.2005	1 BvR 782/94	114, 1	Übertragung Lebensversicherung	14 I	E	
28.03.2006	1 BvL 10/01	115, 259	ALG: Berück. Mutterschutz	6 IV	E	
20.03.2007	2 BvL 11/04	117, 372	Wartefrist für Ruhegehalt	33 V	E	(8)
19.09.2007	2 BvF 3/02	119, 247	Obligatorische Teilzeit	33 V	E	
18.06.2008	2 BvL 6/07	121, 241	Ruhegehalt Teilzeitbeamter	33 V	E	(8)
14.10.2008	1 BvR 2310/06	122, 39	Beratungshilfe Steuerrecht	3 I	E	(8)
09.12.2008	2 BvL 1/07	122, 210	Pendlerpauschale	3 I	E	
03.02.2009	2 BvL 54/06	122, 316	Absatzfonds	105	E	(7)
12.05.2009	2 BvR 743/01	123, 132	Forstabsatzfonds	3 I	E	(7)
07.07.2010	2 BvL 14/02	127, 1	ESt: Längere Spekulationsfrist	20 III	E	(7)
07.07.2010	2 BvL 1/03	127, 31	ESt: Rückwirkung	20 III	E	(7)
07.07.2010	2 BvR 748/08	127, 61	ESt: Rückwirkung	20 III	E	(7)
19.06.2012	2 BvR 1397/09	131, 329	Familienzuschlag Lebenspartner	3 I	E	(8)
10.07.2012	1 BvR 2/10	132, 72	Elterngeld Ausländer	3 I	E	(8)
10.10.2012	1 BvL 6/07	132, 302	GewSt: Rückwirkung	20 III	E	(7)
06.11.2012	2 BvL 51/06	132, 334	Rückmeldegebühr	104a	E	(7)
07.05.2013	2 BvR 909/06	133, 377	ESt: Splitting Lebenspartner	3 I	E	(7)

08.05.2013	1 BvL 1/08	134, 1	Studiengebühren	12 I	E	(7)
17.12.2013	1 BvL 5/08	135, 1	Steuerrecht: Rückwirkung	20 III	E	(7)
23.06.2015	1 BvL 13/11		GrErwSt: Bemessungsgrundlg.	3 I	E/F	(7)

Anmerkung 6: Den Entscheidungen des BVerfG kann nicht entnommen werden, daß eine gesetzliche Neuregelung etwaige Staatshaftungsansprüche in Bezug auf in der Vergangenheit entstandene Zinsschäden nachträglich ausschließen könnte.

Anmerkung 7: Zinsschäden können hier entstehen, wenn der Betroffene die verfassungswidrig erhobenen Abgaben zunächst entrichtet hat, und hierfür Kredit aufnehmen mußte bzw. die gezahlten Beträge ansonsten gewinnbringend angelegt hätte. Z.T. existieren Verzinsungsregelungen, die die erlittenen Schäden ganz oder teilweise ausgleichen.

Anmerkung 8: Zinsschäden können hier entstehen, indem staatliche Leistungen (z.B. Beamtenbesoldung, Sozialleistungen) infolge verfassungswidriger Regelungen zu spät gezahlt werden und die Betroffenen in der Zwischenzeit Kredit aufnehmen mußten

Anmerkung 9: Zu den Zinsschäden treten in mehr oder weniger großem Umfang Nachteile hinzu, die den Betroffenen durch zusätzlichen Aufwand infolge des verfassungswidrigen Gesetzes entstehen (z.B. Aufwand, der mit der Berechnung und Abführung von Abgaben verbunden ist).

F. Übergangsanordnung legitimiert Vermögensschäden, die auf legislat. Unrecht beruhen
(35 Entscheidungen)

Datum	Az	Fundstelle	Thema	Sp	Code	Anm
18.07.1972	1 BvL 32/70	33, 303	Numerus Clausus	12 I	F	
21.05.1974	1 BvL 22/71	37, 217	Kinderstaatsangehörigkeit	3 II	DF	(10)
22.05.1979	1 BvL 9/75	51, 193	Verbot von Lagebezeichnung Wein	14 I	FYa	(11)
27.11.1990	1 BvR 402/87	83, 130	Besetzung BpjS	5 III	F	
25.09.1992	2 BvL 5/91	87, 153	Grundfreibetrag	2 aHf	F	
11.10.1994	2 BvR 633/86	91, 186	Kohlepfennig	105	F	
11.01.1995	1 BvR 892/88	92, 53	Berechnung Lohnersatzleistung	3 I	F	
22.06.1995	2 BvL 37/91	93, 121	Einheitswert VSt	3 I	F	
22.06.1995	2 BvR 552/91	93, 165	Einheitswert ErbSt	3 I	F	
17.02.1998	1 BvF 1/91	97, 228	Unentgeltliche Kurzberichterstattung	12 I	F	
01.07.1998	2 BvR 441/90	98, 169	Arbeitspflicht Strafvollzug	2 I	F	
10.11.1998	2 BvR 1057/91	99, 216	ESt: Familienexistenzminimum	6 I	F	
02.02.1999	1 BvL 8/97	100, 195	BAföG: Einheitswert	3	F	
02.03.1999	1 BvL 7/91	100, 226	Denkmalschutz	14	F	
15.03.2000	1 BvL 16/97	102, 68	Rentner-Krankenversicherung	3 I	F	
13.12.2000	1 BvR 335/97	103, 1	Singularzulassung OLG	12 I	F	
03.04.2001	1 BvR 1629/94	103, 242	Beitragsbemessung Pflege	3 I	F	
06.03.2002	2 BvL 17/99	105, 73	Pensionsbesteuerung	3 I	F	
28.01.2003	1 BvR 487/01	107, 133	RA-Gebühren Ost	3 I	F	
18.11.2003	1 BvR 302/96	109, 64	Arbeitgeberzuschuß Mutterschaftsgeld	12 I	F	
10.02.2004	2 BvR 834/02	109, 190	Straftäterunterbringung	74	F	
03.03.2004	1 BvF 3/92	110, 33	TK-Überwachung Zoll	10	DF	(10)
13.07.2004	1 BvR 1298/97	111, 191	Notarkassen	12 I	F	
26.07.2005	1 BvR 80/95	114, 73	Lebensversicherung Schlußüberschuß	14 I	F	
26.10.2005	1 BvR 396/98	114, 371	Teilnehmerentgelt Medien	2 I	F	
11.07.2006	1 BvR 293/05	116, 229	Asylbewerberleistungsgesetz	3 I	F	
18.07.2006	1 BvL 1/04	116, 243	Transsexuelle: Namensänderung	3 I	F	
28.02.2007	1 BvL 9/04	118, 45	Betreuungsunterhalt	6 V	F	
13.02.2008	2 BvL 1/06	120, 125	ESt: Kosten der Krankenversicherung	3 I	F	
04.02.2009	1 BvL 8/05	123, 1	Spielgerätesteuer	3 I	F	
18.07.2012	1 BvL 10/10	132, 134	Asylbewerberleistungsgesetz	1, 20	F/G	
18.12.2012	1 BvL 8/11	132, 382	Selbsttitulierung	3 I	DF	(10)
12.02.2014	1 BvL 11/10	135, 238	Vergnügungssteuer	3 I	F	
17.12.2014	1 BvL 21/12		ErbSt: Betriebsübergang	3 I	F	
05.05.2015	2 BvL 17/09		Richterbesoldung	33 V	F	

Anmerkung 10: Es ist schwer vorstellbar, daß Vermögensschäden ursächlich auf die Verfassungswidrigen Regelungen zurückgehen.
Anmerkung 11: Gesetzgeberisches Unterlassen, das nicht mit Wirkung für die Vergangenheit behoben werden muß.

G. In der Konstellation E: Neuregelung kann Ersatz von Zinsschäden ausschließen
(42 Entscheidungen)

Datum	Az.	Fundstelle	Gegenstand	Norm	Tenor	Anm.
11.06.1958	1 BvR 1/52	8, 1	Beamtenbezüge zu niedrig	33 V	G	
31.03.1971	1 BvL 9/68	31, 1	Witwenrente	3 II	G	
25.04.1972	1 BvL 30/70	33, 106	ESt: Kinderfreibeträge	3 I	G	
03.07.1974	1 BvL 18/73	38, 41	Rentenversicherung	3 I	G	
17.07.1974	1 BvR 51/72	38, 61	Sondersteuer Güterverkehr	12, 3 I	G	
22.06.1977	1 BvL 2/74	45, 376	Unfallversicherung Leibesfrucht	3 I	G	
26.04.1978	1 BvL 29/76	48, 227	Lohnfortzahlungsumlage	3 I	G	
20.03.1979	1 BvR 111/74	51, 1	Rentenzahlung im Ausland	3 I	G	
13.11.1979	1 BvR 631/78	52, 369	Hausarbeitstag	3 III	G	
21.12.1980	1 BvR 1284/79	55, 134	Zwangsscheidung Härtefall	6 I	G	
03.11.1982	1 BvR 620/78	61, 319	ESt bei Alleinerziehenden	6 I	G	
16.11.1982	1 BvL 16/75	62, 256	Kündigungsschutz Arbeiter	3 I	G	
08.02.1983	1 BvL 28/79	63, 119	Berechnung Rentenversicherung	3 I	G	
06.11.1985	1 BvL 47/83	71, 146	BAFöG: Ehegatteneinkommen	3 I	G	
03.12.1985	1 BvL 29/84	71, 224	IPR: Zuständigkeit deutscher Gerichte	3 II	G	
12.02.1986	1 BvL 39/83	72, 9	ALG: Anwartschaftszeiterhöhung	14 I	G	
10.02.1987	1 BvL 15/83	74, 203	ALG: Sperrzeit Meldesäumnis	14 I	G	
08.04.1987	2 BvR 909/82	75, 108	Künstlersozialversicherung	3 I	G	
21.06.1988	2 BvR 638/84	78, 350	Steuerabzug Spenden FWV	3 I	G	
29.05.1990	1 BvL 20/86	82, 60	Existenzminimum Kinder	6 I	G	
28.01.1992	1 BvR 1025/82	85, 191	Nachtarbeitsverbot Arbeiterin	3 II	G	
17.11.1992	1 BvL 8/87	87, 234	Arbeitslosenhilfe	6 I	G	
02.12.1992	1 BvR 296/88	88, 5	Beratungshilfe Arbeitsrecht	3 I	G	
09.04.1994	1 BvR 1369/90	90, 128	Privatschulfinanzierung	7 IV	G	
22.04.1994	1 BvL 30/88	90, 60	Rundfunkgebühr	5 I 2	G	(2)
10.01.1995	1 BvL 20/87	91, 389	BAFöG: Anrechnung	3 I	G	
15.07.1997	1 BvL 20/94	96, 260	Sonderurlaub	12 I	G	
27.11.1997	1 BvL 12/91	97, 35	Zusätzliche Altersversorgung	3 I	G	
10.11.1998	1 BvR 2296/95	99, 202	ALG: Erstattung bei Wettbewerbsverbot	12 I	G	
28.04.1999	1 BvL 32/95	100, 1	Rentenüberleitung Ost	14	G	
28.04.1999	1 BvL 22/95	100, 59	Zusatzrenten Ost	3, 14	G	
28.04.1999	1 BvR 1926/96	100, 104	Sonderrenten Ost	3	G	
09.11.2004	1 BvR 684/98	112, 50	OEG: Nichtehelicher Partner	6 I	G	
23.05.2006	1 BvR 1484/99	115, 381	Dauerpflegschaft	3 I	G	
13.06.2006	1 BvL 9/00	116, 96	Fremdrentengesetz	2 I	G	
12.05.2009	2 BvR 890/06	123, 148	Finanzierung jüdischer Gemeinde	4 I	G	(2)
21.07.2010	1 BvR 611/07	126, 400	ErbSt: Lebenspartnerschaft	3 I	G	
21.06.2011	1 BvR 2035/07	129, 49	BAFöG	3 I	G	
07.02.2012	1 BvL 14/07	130, 240	Landeserziehungsgeld	3 I	G	
14.02.2012	2 BvL 4/10	130, 263	Professorengehalt	33 V	G	
18.07.2012	1 BvL 16/11	132, 179	GrErwSt: Lebenspartner	3 I	G	
05.03.2013	1 BvR 2457/08	133, 143	Kommunalabgaben	20 III	G	

Anmerkung 2: Staatsvertrag.
Anmerkung 12: In diesen Fällen hat das BVerfG davon abgesehen, mit Wirkung für die Vergangenheit Rechtsvorschriften für nichtig zu erklären. Der Gesetzgeber ist zu einer Neuregelung verpflichtet. Soweit diese in verfassungskonformer Weise von Verzinsungsregelungen für die Vergangenheit Abstand nimmt, beruhen verbleibende Zinsschäden nicht mehr auf einer verfassungswidrigen Rechtslage bzw. deren Anwendung.

H. Kein aufopferungs- oder enteignungsgleicher Eingriff
(99 Entscheidungen; davon in 44 Fällen Vermögensschäden selten)

(1) Verbot ohne Erlaubnismöglichkeit (32 Entscheidungen)

20.05.1952	1 BvL 3/51	1, 283	Ladenschluß	31	Xa	
10.03.1958	1 BvL 42/56	7, 320	Verbot v. FKK-Presse	6 II	DXa	(13)
06.10.1959	1 BvL 118/53	10, 118	Berufsverbot als Redakteur	18	Xa	
28.02.1961	2 BvG 1/60	12, 205	TV-Sendetechnikmonopol	73	DXa	(14)
21.03.1961	2 BvR 27/60	12, 296	Verbot der Förderung einer Partei	21 II	DXa	(15)
21.02.1962	1 BvR 198/57	14, 19	Warenautomaten-Ladenschluß	12 I	Xa	
04.03.1964	1 BvR 371/61	17, 269	Beschränkung Tierarzneivertrieb	12 I	Xa	(16)
07.04.1964	1 BvL 12/63	17, 306	Verbot von Mitfahrzentralen	2 aHf	Xa	
18.01.1966	2 BvL 21/64	19, 370	Zulassung als Rechtsvertreter	12 I	Xa	
15.02.1967	1 BvR 569/62	21, 173	Nebentätigkeitsverbot für Steuerberater	12	Xa	
04.04.1967	1 BvR 84/65	21, 261	Verbot, AN-Überlassung zu vermitteln	12	Xa	
04.04.1967	1 BvR 414/64	21, 271	Verbot von Stellenanzeigen	5 I	Xa	
11.04.1967	1 BvL 25/64	21, 292	Verbot Barzahlungsrabatt	3 I	Xa	
25.06.1969	2 BvR 128/66	26, 246	Verbot Berufsbezeichnung Ingenieur	2 aHf	Xa	
23.03.1971	1 BvL 25/61	30, 336	Verbot FKK-Presse	5 I 1	Xa	(17)
28.07.1971	1 BvR 40/69	32, 1	Apothekenanwärter	12 I	Xa	
02.10.1973	1 BvR 459/72	36, 47	Verbot Nachnahmeversand Tiere	12 I	Xa	
14.10.1975	1 BvL 35/70	40, 196	Genehmigung Umzugsunternehmen	12 I	Xa	
20.06.1978	1 BvL 14/77	48, 376	Beschränkung von Tierversuchen	12 I	Xa	
18.06.1980	1 BvL 697/77	54, 301	Verbot der Buchführung	12 I	Xa	
27.01.1982	1 BvR 807/80	59, 302	Verbot Lohnbuchhaltung	12 I	Xa	
03.11.1982	1 BvL 4/78	61, 291	Tierpräparationsverbot	12 I	Xa	
09.10.1984	2 BvL 10/82	67, 299	Verbot des Dauerparkens	74	Xa	
07.02.1990	1 BvR 26/84	81, 242	Wettbewerbsverbot Handelsvertreter	12 I	Xa	(18)
16.01.2002	1 BvR 1236/99	104, 357	Apothekenöffnung Sonntag	12 I	Xa	
29.10.2002	1 BvR 525/99	106, 181	Arztwerbung	12 I	Xa	
11.02.2003	1 BvR 1972/00	107, 186	Verbot Impfstoffversand	12 I	Xa	
16.03.2004	1 BvR 1778/01	110, 141	Züchtungsverbot Kampfhunde	12 I	Xa	
03.07.2007	1 BvR 2186/06	119, 59	Hufbeschlag	12 I	Xa	(16)
30.07.2008	1 BvR 3262/07	121, 317	Rauchverbote	12 I	Xa/c	(19)
24.01.2012	1 BvL 21/11	130, 131	Rauchverbot	12 I	Xa/c	

Anmerkung 13: Überlassung mit Einwilligung der Erziehungsberechtigten.
Anmerkung 14: Schäden kaum vorstellbar, da landesrechtliche Fernsehregulierung unberührt blieb
Anmerkung 15: Verfassungsfeindliche, aber noch nicht verbotene Partei.
Anmerkung 16: Inkrafttreten durch einstweilige Anordnung verhindert.
Anmerkung 17: Generelle Einstufung als jugendgefährdend.
Anmerkung 18: Ausschluß der Entschädigung für Wettbewerbsverbot bei Kündigung des Unternehmers aus wichtigem Grund.
Anmerkung 19: Kein Vollzug im Vorfeld der Entscheidung.

(2) Erlaubnisvorbehalt (2 Entscheidungen)

05.08.1966	1 BvF 1/61	20, 150	Erlaubnispflicht Sammlungen	2 aHf	Xb	
29.03.2000	2 BvL 3/96	102, 99	Erlaubnisvorbehalt Landesabfallgesetz	74	Xb	

(3) Gesetzliches Handlungsgebot (2 Entscheidungen)

11.03.1968	2 BvL 18/63	23, 208	Verordnungsermächtigung Milchgesetz	80	Xc	
16.03.1971	1 BvR 52/66	30, 292	Erdölbevorratungspflicht	12 I, 3	Xc	

(4) Gesetzliche Beschränkung der Erfüllung bestehender Verträge (1 Entscheidung)

11.02.1922	1 BvR 890/84	85, 226	Sonderurlaub ohne Ausgleich	12 I	Xd3	(20)

Anmerkung 20: Arbeitgeber mußte Sonderurlaub bei vollem Lohn einräumen.

(5) Beendigung bestehenden Beschäftigungsverhältnisses kraft Gesetzes (1 Entscheidung)

10.03.1992	1 BvR 454/91	85, 360	Auflösung Akademie der Wissenschaften	12 I	Xd4	(16)

Anmerkung 16: Inkrafttreten durch einstweilige Anordnung verhindert.

(6) Erlaubnisvoraussetzungen (11 Entscheidungen)

30.05.1956	1 BvF 3/53	5, 25	Apothekenstopp	20 III	DXe1	(21)
11.06.1958	1 BvR 596/56	7, 377	Betriebserlaubnis Apotheke	12 I	Xe1	
17.12.1958	1 BvL 10/56	9, 39	Erlaubnis Milchhandel	12 I	Xe1	
08.06.1960	1 BvR 53/55	11, 168	Bedürfnisprüfung Taxis	12 I	Xe1	
14.12.1965	1 BvL 14/60	19, 330	Sachkundenachweis Einzelhandel	12 I	Xe1	
11.10.1971	1 BvL 2/71	34, 71	Einzelhandelserlaubnis	12, 3 I	Xe1	
05.11.1980	1 BvR 290/78	55, 159	Falknerjagdschein	2 I	DXe1	(22)
16.06.1981	1 BvL 89/87	57, 295	Konzession für Privatfunk	5 I 2	Xe1	
27.10.1998	1 BvR 2306/96	98, 265	Verbot von Abtreibungspraxen	12 I	Xe1	(16)
19.07.2000	1 BvR 539/96	102, 197	Spielbankmonopol BW	12 I	Xe1	
28.03.2006	1 BvR 1054/01	115, 276	Sportwettenmonopol	12 I	Xe1	

Anmerkung 16: Inkrafttreten durch einstweilige Anordnung verhindert.
Anmerkung 21: Landesrechtliche Beschränkungen blieben unberührt.
Anmerkung 22: Nur wenige Betroffene.

(7) Zulassung zu einer Tätigkeit, die rechtlicher Anerkennung bedarf (4 Entscheidungen)

28.11.1984	1 BvL 13/81	68, 272	Bauvorlageberechtigung	12 I	Xe1	
12.03.1985	1 BvL 25/83	69, 209	Steuerberaterprüfung	12 I	Xe1	(23)
26.02.1986	1 BvL 12/85	72, 51	Wiederzulassung als RA	12 I	Xe3	
05.12.1995	1 BvR 2011/94	93, 362	Postulationsfähigkeit neue Länder	12 I	Xe3	(16)

Anmerkung 23: Zulassung von Angehörigen der Finanzverwaltung zur Steuerberatungsprüfung.

(8) Kassenzulassung (GKV) (2 Entscheidungen)

23.03.1960	1 BvR 216/51	11, 30	Kontingentierung Kassenärzte	12 I	Xe4
25.02.1969	1 BvR 224/67	25, 236	GKV: Zulassung Dentist	12 I	Xe4

(9) Teilhabe an staatlichen Leistungen (3 Entscheidungen)

08.02.1977	1 BvF 1/76	43, 291	Nichtanrechnung Wartezeit nc	12 I	Xe6	(2)
22.06.1977	1 BvL 23/75	45, 393	Zweitstudium	12 I	Xe6	
03.11.1982	1 BvR 900/78	62, 117	Auswahlverfahren Zweitstudium	12 I	Xe6	

Anmerkung 2: Staatsvertrag.

(10) Handlungsgebot durch die Exekutive (1 Entscheidung)

21.06.1988	2 BvL 6/86	78, 364	Anrechnung Wehrdienst	12a II	Xf1	(24)

Anmerkung 24: Zivildienst wegen nicht vollständiger Anrechnung vorherigen Wehrdienstes.

(11) Handlungsgebot durch die Judikative (1 Entscheidung)

14.07.1981	1 BvL 28/77	57, 361	Scheidungsunterhalt in Härtefällen	2 I	Xf2

(12) Gesetzliche Ausnahme von begünstigender Norm (1 Entscheidung)

13.11.1979	1 BvL 24/77	52, 357	Kündigung Schwangerer	6 IV	DXi

(13) Gesetzliche Beschränkung des Rechtsschutzes (12 Entscheidungen)

09.11.1955	1 BvL 13/52	4, 331	Ausschüsse statt Gericht	19 IV	DXk
05.02.1963	2 BvR 21/60	15, 275	Ger. Anfechtung Bußgeld	19 IV	DXk
08.02.1967	2 BvR 235/64	21, 139	FGG	101	DXk
30.05.1967	2 BvR 380/65	22, 42	Standesgericht	101	DXk
27.01.1970	2 BvR 149/65	27, 355	Ärztl. Berufsgericht	101	DXk
22.05.1975	2 BvR 300/75	40, 1	Pflichtverteidigung	3 I	DXk
03.06.1980	1 BvL 114/78	54, 159	Landwirtschaftsgericht	19 IV	DXk
08.07.1992	2 BvL 27/91	87, 68	Richterdienstgerichte	72	DXk
08.07.1992	2 BvL 14/92	87, 95	Rechtsweg	72	DXk
27.10.1999	1 BvR 385/90	101, 106	Akteneinsicht Verwaltungsprozeß	19 IV	DXk
18.01.2000	1 BvR 321/96	101, 397	Rechtsschutz gegen Rechtspfleger	19 IV	DXk
07.10.2003	1 BvR 10/99	108, 341	Gehörsrüge	103 I	DXk

(14) Allgemeine Nachteile (26 Entscheidungen)

16.11.1965	1 BvL 21/63	19, 177	Ehename	3 II	DXla
15.11.1971	2 BvF 1/70	32, 199	Richter-Amtsbezeichnungen	BuR	DXla
25.06.1974	1 BvL 11/73	37, 342	Referendarsbenotung	3 I	DXla
27.06.1974	2 BvR 429/72	38, 1	Amtsbezeichnung Präsident Amtsgericht	3 I	DXla
31.05.1978	1 BvR 683/77	48, 327	Ehenamenwahl	3 II	DXla
12.03.1980	1 BvR 643/77	53, 336	Eisenbahnkreuzung	14 I	DXlb
25.03.1980	2 BvR 208/76	53, 366	Konfessionelle Krankenhäuser	RV	DXlb
14.12.1982	2 BvR 1261/79	62, 374	Lehrer-Amtsbezeichnung	33 V	DXla
27.01.1983	1 BvR 1008/79	63, 88	Versorgungsausgleich	2 I	DXla
22.02.1983	1 BvL 17/81	63, 181	IPR: Ehegüterrecht	3 II	DXla
29.06.1983	2 BvR 720/79	64, 323	Amtsbezeichnung Professor	33 V	DXla
08.01.1985	1 BvR 830/83	68, 384	IPR: Scheidungsrecht	3 II	DXla
09.03.1988	1 BvR 49/86	78, 77	Bekanntmachung Entmündigung	APR	DXla
26.01.1993	1 BvL 38/92	88, 87	Transsexuelle: Vorname	3 I	DXla
19.01.1999	1 BvR 2161/94	99, 341	Testierausschluß Taubstummer	14	DXlb
02.03.1999	1 BvL 2/91	99, 367	Montanmitbestimmung	3 I	DXlb
03.04.2001	1 BvR 81/98	103, 225	Beitrittsrecht Pflegeversicherung	3 I	DXla
16.01.2003	2 BvR 716/01	107, 104	Elternbeteiligung JGG	6 II	DXla
03.03.2004	1 BvR 2378/98	109, 279	Großer Lauschangriff	13 I	DXla
08.03.2005	1 BvR 2561/03	112, 255	Anwaltsnotar Geschäftspapiere	12 I	DXlb
27.07.2005	1 BvR 668/04	113, 348	Vorbeugende TK-Überwachung	10	DXla
25.10.2005	2 BvR 524/01	114, 357	Aufenthaltsrecht für Kind	3 III	DXla
28.05.2008	2 BvL 11/07	121, 205	Beamter auf Zeit	33 V	DXla
25.01.2011	1 BvR 1741/09	128, 157	Arbeitgeberwechsel	12 I	DXla
14.01.2014	1 BvR 2998/11	135, 90	GmbH RAe/Patentanwälte	12 I	DXla
30.06.2015	2 BvR 1282/11		Zulassung als jurist. Person d. öff. Rechts	20 II	DXla

DXla: Schäden entstehen erst durch Anwendung des Gesetzes.
DXlb: Schäden entstehen bereits durch die Existenz des Gesetzes.

I. Enteignungsgleicher Eingriff (3 Entscheidungen)
(1) Verbot ohne Erlaubnismöglichkeit (1 Entscheidung)

| 08.03.1988 | 1 BvR 1092/84 | 78, 58 | Verbot von Lagebezeichnung Wein | 14 I | Ya | |

(2) Gesetzlich verweigerte Ausübung von Gestaltungsrechten (2 Entscheidungen)

| 12.06.1979 | 1 BvL 19/76 | 52, 1 | Kündigungsschutz Kleingärten | 14 I | Yd1 | |
| 14.07.1999 | 1 BvR 995/95 | 101, 54 | Nutzungsentgelt Datschen | 14 I | Yd1 | |

J. Aufopferungsgleicher Eingriff (11 Entscheidungen)
(1) Gesetzlich ermöglichte staatliche Eingriffe (2 Entscheidungen)

| 15.02.2006 | 1 BvR 357/05 | 115, 118 | Abschuß Luftfahrzeuge | 2 II 1 | DZg1 | |
| 23.03.2011 | 2 BvR 882/09 | 128, 282 | Zwangsbehandlung | 2 II 1 | DZj1 | |

(2) Durch die Judikative angeordnete Freiheitsentziehungen (7 Entscheidungen)

18.07.1967	2 BvF 8/62	22, 180	Unterbringung zur Besserung	2 II 2	DZg2	
16.03.1994	2 BvL 3/90	91, 1	Unterbringung zur Entziehung	2 II 2	Zg2	
18.07.2005	2 BvR 2236/04	113, 273	Europäischer Haftbefehl	16 II	DZg2	
04.05.2011	2 BvR 2365/09	128, 326	Nachträgliche Sicherungsverwahrung	2 II 2	ZFg2	
12.10.2011	2 BvR 633/11	129, 269	Unterbringung psychisch Kranker	2 II 1	DZg2	
27.03.2012	2 BvR 2258/09	130, 372	Anrechnung auf Freiheitsstrafe	2 II 2	DZg2	
20.02.2013	2 BvR 228/12	133, 112	Unterbringung psychisch Kranker	2 II 2	DZg2	

Anmerkung 25: Ursachenzusammenhang zwischen rechtswidriger Haft/Unterbringung und konkreten Vermögensschäden schwierig zu belegen (Fälle DZg2).

(3) Legalisierung schädigender Handlungen Dritter (2 Entscheidungen)

| 25.02.1975 | 1 BvF 1/74 | 39, 1 | Fristenlösung Abtreibung | 2 II 1 | DZj1 | (26) |
| 28.05.1993 | 2 BvF 2/90 | 88, 203 | Fristenlösung Abtreibung | 2 II 1 | DZj1 | (26) |

Anmerkung 26: Inkrafttreten durch einstweilige Anordnung verhindert.

Anhang III – EuGH-Urteile 2006-15

EuGH-Urteile, in denen festgestellt wird, daß EU-Recht deutschen Gesetzen entgegensteht (2006-15)

Übersicht (zum Vergleich: BVerfG 2006-15)

	EuGH	BVerfG
A. Vermögensschäden nicht denkbar	-	8
B. Die verletzte Vorschrift dient nicht dem individuellen Rechtsgüterschutz	-	2
C. Vermögensschäden nicht vom Schutzzweck der verletzten Norm erfaßt	10	22
(D. Vermögensschäden nur in seltenen Fällen	*17)*	*9*
E. Zinsschäden möglich, sonstige Schäden nicht/durch Primärrechtsschutz vermeidbar	52	19
F Keine rückwirkende Behebung	1	10
G. Zinsschäden möglich, aber durch Übergangsanordnung legitimiert	-	9
H. Vermögensschäden möglich, aber kein enteignungsgleicher Eingriff	25	8
(davon: Vermögensschäden nur in seltenen Fällen)	*14)*	*4*
I. Vermögensschäden möglich, enteignungsgleicher Eingriff	3	-
(davon: Vermögensschäden nur in seltenen Fällen)	*1)*	-
J. Vermögensschäden möglich, aufopferungsgleicher Eingriff	2	7
(davon: Vermögensschäden nur in seltenen Fällen)	*2)*	*5*
Gesamt	93	85

In die nachfolgenden Listen aufgenommen sind Gesetze, die vom Deutschen Bundestag oder einem deutschen Landtag beschlossen wurden. Vorkonstitutionelle Gesetze sind nur insoweit erfaßt, als sie der nachkonstitutionelle Gesetzgeber in seinen Willen aufgenommen hat.

C. Vermögensschäden nicht vom Schutzzweck der verletzten Norm erfaßt
(10 Entscheidungen)

Datum	Az.	Slg. I	Name	Gegenstand		An- mer- kung
10.01.2006	C-98/03	53	KOM / DE	BNatSchG	C	(27)
14.10.2008	C-353/06	7639	Grunkin	Nachname	C	
16.12.2008	C-524/06	9705	Huber	Datenspeicherung	C	
09.03.2010	C-518/07	1885	KOM / DE	Datenschutzbeauftragter	C	
12.05.2011	C-115/09	3673	BUND	UVP	C	
14.02.2012	C-204/09		Flachglas Torgau	UIG	C	
18.04.2013	C-463/11		L	SUP	C	
18.07.2013	C-515/11		Dt. Umwelthilfe	UIG	C	
07.11.2013	C-72/12		Gemeinde Altrip	UVP	C	
15.10.2015	C-137/14		KOM / DE	Umweltrecht; UVP	C	

Anmerkung 27: KOM / DE bezeichnet immer ein Vertragsverletzungsverfahren der Kommission gegen die Bundesrepublik Deutschland.

E. Zinsschäden möglich, sonstige Schäden nicht/durch Primärrechtsschutz vermeidbar
(52 Entscheidungen)

21.02.2006	C-152/03	1711	Ritter-Coulais	Steuerrecht	E
23.02.2006	C-253/03	1831	CLT-UFA	Steuerrecht	E
06.07.2006	C-346/04	6137	Conijn	Steuerrecht	E
14.09.2006	C-386/04	8203	Stauffer	Steuerrecht	E
03.10.2006	C-290/04	9461	FKP Scorpio	Steuerrecht	E
25.01.2007	C-329/05	1107	Meindl	Steuerrecht	E
29.03.2007	C-347/04	2647	Rewe	Steuerrecht	E
11.09.2007	C-76/05	6849	Schwarz	Steuerrecht	E
23.10.2007	C-11/06	9161	Morgan	BAföG	E
29.11.2007	C-404/05	10239	KOM / DE	Ökologisches Landbaugesetz	E
18.12.2007	C-396/05	11895	Möser	Rentenrecht	E
18.12.2007	C-281/06	12231	Jundt	Steuerrecht	E
18.12.2007	C-436/06	12357	Grönfeldt	Steuerrecht	E
17.01.2008	C-152/05	39	KOM / DE	Eigenheimzulagengesetz	E
17.01.2008	C-256/06	123	Jäger	Steuerrecht	E
28.02.2008	C-293/06	1129	Deutsche Shell	Steuerrecht	E
01.04.2008	C-267/06	1757	Maruko	Versorgung Lebenspartner	E
17.07.2008	C-152/07	5959	Arcor	Abgabenrecht	E
02.10.2008	C-360/06	7333	H. Bauer Verlag	Steuerrecht	E
11.12.2008	C-285/07	9329	A. T.	Steuerrecht	E
20.01.2009	C-350/06	179	Schultz-Hoff	Urlaubsgeld	E
22.01.2009	C-377/07	299	STEKO	Steuerrecht	E
27.01.2009	C-318/07	359	Persche	Steuerrecht	E
10.09.2009	C-269/07	7811	KOM / DE	Abgabenrecht	E
15.10.2009	C-35/08	9807	Busley	Steuerrecht	E
19.01.2010	C-555/07	365	Kücükdeveci	RL 2000/78/EG	E
15.04.2010	C-511/08	3047	Heinrich Heine	Versandkostenpauschale	DE
22.04.2010	C-510/08	3553	Mattner	Steuerrecht	E
22.12.2010	C-279/09	13849	DEB	Prozeßkostenhilfe	E
31.03.2011	C-450/09	2497	Schröder	Steuerrecht	E
05.05.2011	C-206/10	3573	KOM / DE	Sozialleistungen	E
10.05.2011	C-147/08	3591	Römer	Kommunalversorgung	E
12.05.2011	C-453/09	74	KOM / DE	Steuerrecht	E
16.06.2011	C-65/09	5257	Gebr. Weber	Verbraucherkauf	E
30.06.2011	C-262/09	5669	Meilicke	Steuerrecht	E
19.07.2012	C-522/10		Reichel-Albert	Rentenrecht	E
22.11.2012	C-600/10		KOM / DE	Steuerrecht	E
06.12.2012	C-124/11		Dittrich	Beihilfe Lebenspartner	E
06.12.2012	C-152/11		Odar	Abfindung	E
28.02.2013	C-168/11		Beker	Steuerrecht	E
28.02.2013	C-425/11		Ettwein	Steuerrecht	E
28.02.2013	C-544/11		Petersen	Steuerrecht	E
17.10.2013	C-181/12		Welte	Steuerrecht	E
24.10.2013	C-275/12		Elrick	BAföG	E
24.10.2013	C-220/12		Thiele Meneses	BAföG	E
18.07.2013	C-523/11		Prinz	BAföG	E
09.10.2014	C-326/12		van Caster	Steuerrecht	E
04.09.2014	C-211/13		KOM / DE	Steuerrecht	E
18.12.2014	C-523/13		Larcher	Altersteilzeit	E
03.07.2014	C-524/13		Braun	Abgabenrecht	E
24.02.2014	C-559/13		Grünewald	Steuerrecht	E
16.04.2015	C-591/13		KOM / DE	Steuerrecht	E

F. Keine rückwirkende Behebung (1 Entscheidung)

19.06.2014	C-501/12		Specht	Besoldung nach Alter		F	(28)

Anmerkung 28: Trotz Altersdiskriminierung keine Verpflichtung, jüngere Beamte rückwirkend wie ältere zu besolden.

H. Kein aufopferungs- oder enteignungsgleicher Eingriff (25 Entscheidungen)
(Vergleichsangaben zum BVerfG im Zeitraum 2006-15)

(1) Diverse Wirkungen (1 Entscheidung)

23.02.2006	C-43/05	33	KOM / DE	RL 2000/78/EG	Xdiv	(29)

Anmerkung 29: Im Hinblick auf eine häufig richtlinienkonforme Praxis ist es schwierig, einen Ursachenzusammenhang zwischen der verzögerten Umsetzung einer Richtlinie und konkreten Schäden zu belegen.

(2) Verbot ohne Erlaubnismöglichkeit (3 Entscheidungen) *[BVerfG: 3]*

08.11.2007	C-143/06	9623	Ludwigs-Apotheke	Arzneimittelwerbung	Xa	
14.01.2010	C-304/08	217	Plus	Gewinnspiel	Xa	
19.09.2013	C-297/12		Filev	Einreiseverbot	DXa	(30)

Anmerkung 30: Ein Zusammenhang zwischen einem Einreiseverbot und Vermögensschäden ist in der Regel schwer zu belegen.

(3) Erlaubnisvoraussetzungen (1 Entscheidung) *[BVerfG: 1]*

08.09.2010	C-46/08	8149	Carmen Media	Sportwettmonopol	Xe1	(31)

Anmerkung 32: Ebenso das Urteil vom selben Tag in der Rs. C-316/07 Stoß.

(4) Zulassung zu einer Tätigkeit, die rechtlicher Anerkennung bedarf (1 Entscheidung)

24.05.2011	C-54/08	4355	KOM / DE	Notarberuf	Xe3	

(5) Kassenzulassung (GKV) (2 Entscheidungen)

06.12.2007	C-456/05	10517	KOM / DE	Psychotherapeuten	Xe4
12.01.2010	C-341/08	47	Petersen	Kassenzulassung	Xe4

(6) Einbeziehung eines Arzneimittels in die Arzneimittelversorgung der GKV (1 Entscheidung)

26.10.2006	C-317/05	10611	Pohl-Boskamp	Arzneimittel	Xe5	

(7) Teilhabe an staatlichen Leistungen (1 Entscheidung)

11.01.2007	C-208/05	181	ITC	Arbeitsvermittlung	Xe6	(32)

Anmerkung 32: Nutzung von deutschem Vermittlungsgutschein für Angebote in anderen EU-Ländern.

(8) Teilhabe an Leistungen Privater (1 Entscheidung)

22.05.2008	C-439/06	3913	Citiworks	Netzzugang	Xe7	

(9) Unzulässige Ausschreibungsbedingungen (2 Entscheidungen)

03.04.2008	C-346/06	1989	Rüffert	Tariftreue	Xh
18.09.2014	C-549/13		Bundesdruckerei	Tariftreue	Xh

(10) Allgemeine Nachteile (13 Entscheidungen) *[BVerfG: 4]*

27.04.2006	C-441/02	3449	KOM / DE	Aufenthaltsrichtlinie	DX1	(29)
15.06.2006	C-264/05	83	KOM / DE	Anerkennungsrichtlinie	DX1	(29)
14.12.2006	C-252/06	140	KOM / DE	Versicherungsvermittlerrichtlinie	DX1	(29)
18.07.2007	C-490/04	6095	KOM / DE	Arbeitnehmerentsendung	DX1	
23.10.2007	C-112/05	8995	KOM / DE	VW-Gesetz	DX1	
17.04.2008	C-404/06	2685	Quelle	Verbrauchsgüterkauf	DX1	
05.06.2008	C-395/07	88	KOM / DE	RL zu geistigem Eigentum	DX1	(28)
17.12.2009	C-505/08	222	KOM / DE	RL 2005/36 Berufsqualifikation	DX1	(28)
05.05.2011	C-543/09	3441	Dt. Telekom	Datenüberlassung	DX1	
19.07.2012	C-451/11		Dülger	Aufenthaltsrecht	DX1	
08.11.2012	C-268/11		Gülbahce	Aufenthaltsrecht	DX1	
10.07.2014	C-138/13		Dogan	Ehegattennachzug	DX1	
16.07.2015	C-580/13		Coty Germany	Auskunftsverweigerungsrecht	DX1	

Anmerkung 29: Im Hinblick auf eine häufig richtlinienkonforme Praxis ist es schwierig, einen Ursachenzusammenhang zwischen der verzögerten Umsetzung einer Richtlinie und konkreten Schäden zu belegen.

I. Enteignungsgleicher Eingriff (3 Entscheidungen)
(1) Erlaubnisvoraussetzungen (2 Entscheidungen)

22.12.2008	C-13/08	11087	Stamm	Landpacht	Ye1
06.10.2011	C-506/10	9345	Graf	Landpachtvertrag	Ye1

(2) Ermöglichung der Zulassung von Vorhaben, die Schadeinflüssen ausgesetzt sein können (1 Entscheidung)

15.09.2011	C-53/10	8311	Mücksch	BImSchG	DYj2

J. Aufopferungsgleicher Eingriff (2 Entscheidungen) *[BVerfG: 7]*
(1) Durch die Judikative angeordnete Freiheitsentziehungen (1 Entscheidung)

17.07.2014	C-474/13		Bero	Unterbringung Abschiebehaft	DZg2

(2) Verweigerung eines Anspruchs auf staatliche Schutzmaßnahmen (1 Entscheidung)

25.07.2008	C-237/07	6221	Janecek	Feinstaub-Aktionsplan	DZj3

Anhang IV – EuGH-Urteile 1961-2005

EuGH-Urteile, in denen festgestellt wird, daß individualschützende Vorschriften des EU-Rechts deutschen Gesetzen entgegenstehen (1961-2005), soweit die Gesetze und/oder deren Vollzug Schäden (ausgenommen Zinsschäden) verursachen können, die vom Schutzbereich der Vorschriften erfaßt sind

Datum	Az.	Slg.	Name	Gegenstand		

(1) Verbote ohne Erlaubnismöglichkeit (19 Entscheidungen) *[BVerfG 1975-2005: 11]*

Datum	Az.	Slg.	Name	Gegenstand		
20.02.1975	12/74	181	KOM / DE	Beschränkung Sektimport	a	
12.10.1978	13/78	1935	Eggers	Beschränkung Weinimport	a	
12.07.1979	153/78	2555	KOM / DE	Beschränkung Fleischimport	a	
20.04.1983	59/82	1217	Weinvertriebs GmbH	Beschränkung Weinimport	a	
28.02.1984	247/81	1111	KOM / DE	Niederlassungserfordernis	a	
04.12.1986	205/84	3755	KOM / DE	Versicherer	a	(33)
04.12.1986	179/85	3879	KOM / DE	Beschränkung Schaumweinimport	a	
12.03.1987	178/84	1227	KOM / DE	Reinheitsgebot Bier	a	
25.02.1988	427/85	1123	KOM / DE	Rechtsanwalts-RL	a	(34)
07.03.1989	215/87	617	Schumacher	Verbot privater Arzneimitteleinfuhr	a	
11.05.1989	76/86	1021	KOM / DE	Milchersatzerzeugnisse	a	
16.04.1991	C-347/89	1747	Eurim-Pharm	Arzneiumverpackung	a	
23.04.1991	C-41/90	1979	Höfner	BA-Monopol	a	
08.04.1992	C-62/90	2575	KOM / DE	Pharmaimportverbot	a	
26.10.1995	C-51/94	3599	KOM / DE	Importbeschränkung	a	
25.10.2001	C-493/99	8163	KOM / DE	Arbeitnehmerüberlassung Bau	a	(33)
11.12.2003	C-322/01	14887	Dt. Apothekerverbd.	Pharmaversandhandel	a	
14.07.2005	C-114/04		KOM / DE	Abverkaufsfrist	a	

Anmerkung 33: Erfordernis einer Niederlassung in Deutschland.
Anmerkung 34: Gebot des Einvernehmens mit deutschem Rechtsanwalt.

(2) Erlaubnisvorbehalte (4 Entscheidungen)

25.07.1991	C-76/90	4221	Säger	Rechtsdienstleistung	b	
03.10.2000	C-58/98	7919	Corsten	Handwerksrolle	b	
10.09.2002	C-172/00	6891	Ferring	Parallelimportzulassung	b	
11.12.2003	C-215/01	14847	Schnitzer	Handwerksrolle	b	

(3) Versagung Rechtsfähigkeit (1 Entscheidung)

05.11.2002	C-208/00	9919	Überseering	Versagung Rechtsfähigkeit	d2	(35)

Anmerkung 35: Nach ausländischem Recht gegründete juristische Person, die ihren Geschäftssitz nach Deutschland verlegt hat.

(4) Nichtanerkennung/Entziehung von Rechten (1 Entscheidung)

06.06.2002	C-360/00	5089	Ricordi	Erlöschen Urheberrecht	d5	(36)

Anmerkung 36: Früheres Erlöschen bei ausländischen Staatsangehörigen entsprechend deren eigener Rechtsordnung

(5) Erlaubnisvoraussetzungen (2 Entscheidungen) *[BVerfG 1985-2005: 3]*

30.09.2003	C-47/02	10447	Anker	Kapitän	e1	(37)
12.05.2005	C-444/03	3913	Meta Fackler	Arzneimittelregistrierung	e1	(38)

Anmerkung 37: Staatsangehörigkeitserfordernis
Anmerkung 38: Ausschluß von vereinfachter Registrierung (normale Registrierung blieb möglich)

(6) Zulassung zu einer Beamten- oder Soldatentätigkeit (5 Entscheidungen)

03.07.1986	66/85	2121	Lawrie-Blum	Lehramtsreferendar	e2	(37)
07.05.1991	C-340/89	2357	Vlassopoulou	Rechtsreferendar	e2	(37)
17.10.1995	C-450/93	3051	Kalanke	Frauenquote	e2	
11.01.2000	C-285/98	69	Kreil	Soldatinnen	e2	
11.09.2003	C-77/02	9027	Steinicke	Altersteilzeit	e2	

(7) Kassenzulassung (GKV) (1 Entscheidung)

09.02.1994	C-319/92	425	Haim	Kassenarztzulassung	e4

(8) Allgemeine Nachteile (7 Entscheidungen) *[BVerfG 1985-2005: 11]*

23.05.1985	29/84	1661	KOM / DE	Nichtumsetzung RL	DX1	
29.06.1993	C-316/92	3659	KOM / DE	BinnenschiffRL	DX1	
01.04.2004	C-64/03	3551	KOM / DE	Erdgasbinnenmarkt-RL	DX1	(29)
21.10.2004	C-477/03		KOM / DE	Eisenbahnmarkt-RL	DX1	(29)
28.10.2004	C-5/04		KOM / DE	Biopatentrichtlinie	DX1	(29)
14.07.2005	C-52/04	7111	Personalrat FW HH	Überlange Arbeitszeit	DZ	
22.11.2005	C-144/04	9981	Mangold	Erweiterung Vertragsfreiheit	DX1	

Erläuterungen zu den Anhängen II-IV

A: Vermögensschäden nicht denkbar
B: Die verletzte Vorschrift dient nicht dem individuellen Rechtsgüterschutz
C: Vermögensschäden nicht vom Schutzweck der verletzten Norm erfaßt
D: Ersatzfähige Vermögensschäden nur in seltenen Ausnahmefällen
E: Zinsschäden möglich, sonstige Schäden nicht bzw. wären durch Primärrechtsschutz vermeidbar gewesen
F: Übergangsanordnung legitimiert Vermögensschäden, die auf legislativem Unrecht beruhen
G: In der Konstellation E wird der Nichtersatz von Zinsschäden durch eine Übergangsanordnung legitimiert
X: Schäden durch Vollzug legislativen Unrechts möglich, jedoch kein enteignungsgleicher Eingriff
Y: Schäden durch Vollzug legislativen Unrechts möglich, enteignungsgleicher Eingriff möglich
Z: Schäden durch Vollzug legislativen Unrechts möglich, aufopferungsgleicher Eingriff möglich

Differenzierung nach Schadensursachen: Es können Schäden entstehen ...

A. unmittelbar durch Gesetz (oder, bei Nichtbefolgung, durch dessen Durchsetzung)

(1) Verbote
a: indem ein gesetzliches Verbot ohne Erlaubnismöglichkeit beachtet oder behördlich durchgesetzt wird
b: indem ein gesetzlicher Erlaubnisvorbehalt beachtet oder behördlich durchgesetzt wird

(2) Gebote
c: indem ein gesetzliches Handlungsgebot befolgt wird

(3) Sonstiges
d1: durch die gesetzlich verweigerte Ausübung von Gestaltungsrechten.
d2: durch Verweigerung der Rechtsfähigkeit durch Gesetz
d3: durch gesetzliche Beschränkung der Erfüllung bestehender Verträge
d4: durch gesetzliche Zwangsbeendigung bestehenden Beschäftigungsverhältnis
d5: durch gesetzliche Nichtanerkennung/Entziehung von Rechten

B. durch die Anwendung des Gesetzes

(1) Versagung begünstigender Hoheitsakte
indem ein begünstigender Hoheitsakt abgelehnt wird, weil ein Gesetz seinem Erlaß entgegensteht, und zwar
e1: Genehmigung zur Ausübung einer Tätigkeit, deren Ausübung auch ungenehmigt möglich wäre
e2: Zulassung zu einer Beamten- oder Soldatentätigkeit (Einstellung, Beförderung, Ausweitung)
e3: Zulassung zu einer Tätigkeit, die faktisch nur mit rechtlicher Anerkennung sinnvoll ausgeübt werden kann
e4: Kassenzulassung (GKV)
e5: Einbeziehung eines Arzneimittels in die Arzneimittelversorgung der GKV
e6: Teilhabe an staatlichen Leistungen
e7: Teilnahme an Leistungen Privater
e8: Kostenerstattung

(2) Handlungsgebote
f1: indem ein Handlungsgebot befolgt wird, das die Exekutive auf gesetzlicher Grundlage auferlegt
f2: indem ein Handlungsgebot befolgt wird, das die Judikative auf gesetzlicher Grundlage auferlegt

(3) Eingriffe
g1: durch gesetzlich ermöglichte staatliche Eingriffe
g2: durch eine durch die Judikative angeordnete Freiheitsentziehung auf gesetzlicher Grundlage

(4) Sonstiges
j: weil ein Gesetz unzulässige Ausschreibungsbedingungen vorschreibt
i: durch gesetzliche Ausnahmen von begünstigenden Normen

C. Sonstiges

(1) Ermöglichung bzw. Duldung von Schädigungen durch Dritte
j1: durch gesetzliche Legalisierung schädigender Handlungen Dritter
j2: durch gesetzliche Ermöglichung der Zulassung von Vorhaben, die Schadeinflüssen ausgesetzt sein können
j3: durch gesetzliche Verweigerung eines Anspruchs auf staatliche Schutzmaßnahmen

(2) Sonstiges
k: durch gesetzliche Beschränkung des Rechtsschutzes
l: in Gestalt allgemeiner Nachteile, die auf das Gesetz bzw. dessen Vollzug zurückgehen
div: in unterschiedlicher Weise

„Gesetz" bzw. „gesetzlich" meint hierbei immer ein Gesetz, das gegen Verfassungs- oder Unionsrecht, oder die EMRK, verstößt.

Abkürzungsverzeichnis

a.A.	anderer Ansicht
a.a.O.	am angegebenen Ort
Abs.	Absatz
AEUV	Vertrag über die Arbeitsweise der Europäischen Union
a.F.	alter Fassung
AGG	Allgemeines Gleichbehandlungsgesetz
AGGrdstVG BW	Ausführungsgesetz zum Grundstückverkehrsgesetz und zum Landpachtverkehrsgesetz
AGVwGO	Ausführungsgesetz zur Verwaltungsgerichtsordnung
ALG	Arbeitslosengeld
ALV	Arbeitslosenversicherung
AN	Arbeitnehmer
AO	Abgabenordnung
APR	Allgemeines Persönlichkeitsrecht
Art.	Artikel
AVG	Angestelltenversicherungsgesetz
Az.	Aktenzeichen
BAföG	Bundesausbildungsförderungsgesetz
bay.	bayerisch
BayObLG	Bayerisches Oberstes Landesgericht
Bek.	Bekanntmachung
Beschl.	Beschluß
BGB	Bürgerliches Gesetzbuch
BGBl.	Bundesgesetzblatt
BGH	Bundesgerichtshof
BGHZ	Entscheidungen des Bundesgerichtshofes in Zivilsachen (Sammlung)
BImSchG	Bundesimmissionsschutzgesetz
BNatSchG	Bundesnaturschutzgesetz
BPjS	Bundesprüfstelle für jugendgefährdende Schriften (heute: Medieninhalte)
brem.	bremisch
BSHG	Bundessozialhilfegesetz
BT-Drs.	Bundestagsdrucksache
BuR	Bundesrecht
BVerfG	Bundesverfassungsgericht
BVerfGE	Entscheidungen des Bundesverfassungsgerichts (Sammlung)
BVerwG	Bundesverwaltungsgericht
BVerwGE	Entscheidungen des Bundesverwaltungsgerichts (Sammlung)
BVG	Bundesversorgungsgesetz
BW	Baden-Württemberg
DB	Deutsche Bundesbahn (bis 1993), Deutsche Bahn AG
DBA	Doppelbesteuerungsankommen
DBP	Deutsche Bundespost (bis 1994)
DVBl.	Deutsches Verwaltungsblatt
DDR	Deutsche Demokratische Republik
DLTB	Deutscher Lotto- und Toto-Block
Einl.	Einleitung
EMRK	Konvention zum Schutz der Menschenrechte und Grundfreiheiten (Europäische Menschenrechtskonvention)

EG	Europäische Gemeinschaft (bis 30.11.2009)
EGMR	Europäischer Gerichtshof für Menschenrechte
EGV	Vertrag zur Gründung der Europäischen Gemeinschaft
ErbSt	Erbschaftsteuer
ESt	Einkommensteuer
EStG	Einkommensteuergesetz
EWG	Europäische Wirtschaftsgemeinschaft (bis 31.10.1993)
EU	Europäische Union (Begriff wird hier für Zeiträume bis 30.11.2009 auch synonym für EG/EWG gebraucht)
EU-Recht	Recht der EU (Unionsrecht), einschließlich europäischem Gemeinschaftsrecht (bis 30.11.2009)
EuGH	Gerichtshof der Europäischen Union
FeV	Fahrerlaubnisverordnung
FGG	Gesetz über die Angelegenheiten der freiwilligen Gerichtsbarkeit
FKK	Freikörperkultur
Fn.	Fußnote
FWV	Freie Wählervereinigungen
G 131	Gesetz zur Regelung der Rechtsverhältnisse der unter Artikel 131 des Grundgesetzes fallenden Personen
GewSt	Gewerbesteuer
GG	Grundgesetz (auch: GrundG)
GKV	Gesetzliche Krankenversicherung
GlüStV	Staatsvertrag zum Glücksspielwesen in Deutschland
GmbH	Gesellschaft mit beschränkter Haftung
GrErwSt	Grunderwerbsteuer
hamb.	hamburgisch
hess.	hessisch
HSOG	Hessisches Gesetz über die öffentliche Sicherheit und Ordnung
i.d.F.	in der Fassung
i.e.S.	im engeren Sinne
IPR	Internationales Privatrecht
ISB	Recht auf informationelle Selbstbestimmung
i.w.S.	in weiterem Sinne
JGG	Jugendgerichtsgesetz
KG	Kammergericht
legisl.	legislativ
LG	Landgericht
LottStV	Staatsvertrag zum Lotteriewesen in Deutschland
LT-Drs.	Landtagsdrucksache
MEPolG	Musterentwurf für ein einheitliches Polizeigesetz (1977)
nc	numerus clausus
NDB	Norddeutscher Bund
nds.	niedersächsisch
NordÖR	Zeitschrift für Öffentliches Recht in Norddeutschland
NRW	Nordrhein-Westfalen
NJW	Neue Juristische Wochenschrift
NS	Nationalsozialismus, nationalsozialistisch
n.v.	nicht veröffentlicht
NVwZ	Neue Zeitschrift für Verwaltungsrecht
NVwZ-RR	NVwZ-Rechtsprechungsreport
OBG	(NRW) Gesetz über Aufbau und Befugnisse der Ordnungsbehörden –

	Ordnungsbehördengesetz i.d.F. der Bek. v. 13.5.1980
OEG	Opferentschädigungsgesetz
öff.	öffentlich
OLG	Oberlandesgericht
OVG	Oberverwaltungsgericht
POG	Polizei- und Ordnungsbehördengesetz
PolG	Bremen
PrABG	Allgemeines Berggesetz für die Preußischen Staaten vom 24.6.1865
prALR	Allgemeines Landrecht für die Preußischen Staaten
Pr. GS	Preußische Gesetzsammlung (bis 1906: Gesetz-Sammlung für die Königlichen Preußischen Staaten)
RA	Rechtsanwalt
RGZ	Entscheidungen des Reichsgerichts in Zivilsachen (Sammlung)
RL	Richtlinie
Rn.	Randnummer
RP	Rheinland-Pfalz
RV	Rentenversicherung
S.	Satz
sächs.	sächsisch
SH	Schleswig-Holstein
SOG	Gesetz über die öffentliche Sicherheit und Ordnung
SR	Süddeutscher Rundfunk
StGB	Strafgesetzbuch
StGH	Staatsgerichtshof
StHG	Staatshaftungsgesetz vom 26.6.1981 (BGBl. I S. 553), für nichtig erklärt am 19.10.1982 (BVerfGE 61, 149)
StrEG	Gesetz über die Entschädigung für Strafverfolgungsmaßnahmen
StVG	Straßenverkehrsgesetz
SUP	Strategische Umweltprüfung
SWF	Südwestfunk
ThürOVG	Thüringer Oberverwaltungsgericht
TK	Telekommunikation
UIG	Umweltinformationsgesetz
UrhG	Gesetz über Urheberrecht und verwandte Schutzrechte
Urt.	Urteil
USt	Umsatzsteuer
UStG	Umsatzsteuergesetz
UVG	Umweltverträglichkeitsprüfung
VD	Verkehrsdienst
VG	Verwaltungsgericht
VGH	Verwaltungsgerichtshof
VSt	Vermögensteuer
VwVfG	Verwaltungsverfahrensgesetz
WDR	Westdeutscher Rundfunk
WRV	Weimarer Reichsverfassung (auch: WeimVerf)
v.	vom
ZDF	Zweites Deutsches Fernsehen
ZfWG	Zeitschrift für Wett- und Glücksspielrecht
ZPO	Zivilprozeßordnung
ZVS	Zentralstelle für die Vergabe von Studienplätzen